Die Frauen Bibel kann zu einem Lebensquell für das eigene Leben werden. Die vielen Geschichten geben Mut, Hoffnung und Kraft, im eigenen Leben nicht aufzugeben, sondern den Weg, der zur Freiheit führt, zu suchen und den, der der Weg, die Wahrheit und das Leben selber ist – Jesus Christus.

Es kann sein, dass die Frauen Bibel das wichtigste Buch in Ihrem Leben wird!

Birgit Åkesson,
Bible for the Nations

SEHNSUCHT NACH Frieden

LEBENSBERICHTE

DIE FRAUEN BIBEL

Die Frauen Bibel ist eine Art Plattform, auf der viele Frauen einen Teil ihres Lebens mit den Lesern teilen. Der Weg durchs Leben führt manchmal durch schwierige Zeiten, die oft mit viel Kampf verbunden sind. Entscheidungen zu treffen, ist nicht immer leicht.

Hier erzählen Frauen offen und ehrlich über ihre Kämpfe, Niederlagen, aber auch über ihre Siege und ihren Weg in die Freiheit.

Der Verfasser des mittleren Teils in der Frauen Bibel (das Neue Testament), Gott selbst, hat uns Menschen etwas zu sagen! Gottes eigenes Wort ist unser bester Ratgeber im Leben. Der Schöpfer weiß nämlich, wie das Leben gelebt werden soll.

Sinn des Lebens

Ich wurde in eine Unternehmerfamilie hinein geboren. Meine Eltern führten ein kleines Hotel und haben von früh am Morgen bis spät in die Nacht gearbeitet, sodass für uns Kinder nicht viel Zeit übrig blieb. Ich erinnere mich, dass ich ein ängstlich suchendes Mädchen war. Mit 13 Jahren begann ich, den Sinn des Lebens zu hinterfragen und nach Gott zu suchen.

Esoterik

Durch meinen Vater bin ich in Kontakt mit der Esoterik gekommen. Er schenkte uns Bücher über „Positives Denken" und die Kraft des Unterbewusstseins. In den Büchern befanden sich auch Texte über Gott, aber vermischt mit esoterischem Gedankengut. Für mich schien es klar, dass ich Gott in diesen Büchern finden kann und so begann ich eine „Karriere bei New Age". Vom Lesen der Bücher ging es weiter in die Praxis. Ich probierte Kartenlegen, Reiiki, Edelstein- und Bachblütentherapie sowie Pendeln und vieles mehr aus. Ich war überzeugt, dass ich auf dem richtigen Weg sei und fühlte mich in diesen Gedanken auch bestätigt, da in den Büchern auch von Gott die Rede war. Ich habe zu Gott gebetet und übernatürliche Dinge erlebt. Wirklichen Frieden fand ich trotz allem nicht. Mein Leben war ein ständiges Suchen nach dem Echten und nach wahrer Erfüllung.

Das Hotel meiner Eltern übernommen

Meine Zukunft sah ich innerhalb des Hotelbetriebes meiner Eltern. Mein zukünftiger Mann und ich sammelten nach der Ausbildung eine Zeit lang Erfahrungen in einigen renommierten Häusern, bevor wir schließlich das Hotel meiner Eltern übernahmen.

Von Anfang an erschien es mir aber zu wenig, unseren Gästen nur einen Platz zum Schlafen und gutes Essen anzubieten. Ich wollte mehr. Ich wollte unseren Gästen dienen und ihnen etwas Gutes tun. Zu diesem

Zeitpunkt steckte ich voll in der Esoterik und so bot ich Kurse zu den verschiedensten Themen wie Lebensveränderung, Umgang mit Stress, Yoga und vieles mehr an. Unser Hotel wurde zu einem Wellness Hotel mit New Age Charakter und ich war zu diesem Zeitpunkt davon überzeugt, meinen Gästen das Beste zu geben und ihr Leben zu bereichern.

Burn out

Nur ich selbst war nicht zufrieden und suchte immer noch nach dem Echten. Ich war rastlos und hoffte, bei jeder neuen Anwendung, jeder neuen Behandlung, jeder neuen Meditationsart endlich das zu finden, wonach ich mich sehnte. Kurzfristig schien das auch der Fall zu sein, aber über kurz oder lang fühlte ich mich hinterher leerer als zuvor. Zunehmend litt ich unter Beklemmungen, Depressionen, Angstzuständen und Panikattacken. Schließlich hatte ich gar keine Kraft mehr und musste wegen Burn Out in eine Klinik. Danach stellte ich mein Leben um und zog mich völlig aus dem Hotelgeschehen zurück. Meine Suche nach wahrer Erfüllung ging weiter.

Kirchentag Hannover

2005 fuhr ich mit meiner 15-jährigen Tochter zum Kirchentag nach Hannover, weil ich fand, dass es gut für sie wäre, sich mit Gott zu beschäftigen. Wir verbrachten dort den ganzen Tag, empfanden aber die Veranstaltung als trocken und langweilig. Dann wurden wir am Abend in der Innenstadt auf eine Truppe von etwa zweihundert jungen Christen aufmerksam, die auf einem Platz auftraten und von Gott erzählten.

Sie haben authentisch von Gott gesprochen

Diese jungen Menschen sprachen so authentisch davon, wie sie Jesus kennen gelernt und sich ihr Leben durch diese Begegnung total verändert hatte.

Plötzlich fing meine Tochter an zu weinen, so berührt war sie von den Berichten der jungen Leute. Dann hat jemand aus der Truppe alle Zuschauer zum Gebet eingeladen, Jesus auch in ihr Leben aufzunehmen. Das geschah einfach so auf der Straße. Meine damals 15-jährige Tochter ging weinend nach vorne und übergab ihr Leben Jesus. Auch mir boten die jungen Leute Gebet an. Ein Mädchen betete, dass der Heilige Geist mich in alle Wahrheit führen solle.

In mir wuchs die Sehnsucht nach dem Echten

Ich dachte mir, dass es gut für meine Tochter wäre, Kontakt mit dem Pastor und dessen Jugendlichen zu bekommen. Über zwei Monate suchte ich nach ihnen im Internet, bevor ich sie fand. In diesem Sommer besuchte meine Tochter eine einwöchige Bibelschule in dieser Gemeinde, inklusive anschließender Missionsreise in die Ukraine.

Jeden Abend rief sie mich an und erzählte mir, was sie erlebte – und so wuchs auch in mir die Sehnsucht, diesem lebendigen Gott zu begegnen.

Dieser Weg ist falsch

Zu dieser Zeit begann ich, den ERF (Evangeliums Rundfunk) zu schauen und hörte dabei von einem esoterischen Heilpraktiker, der davon erzählte, wie er durch Jesus Christus Befreiung erlebt hatte. Wieder spürte ich, dass dieser Jesus das Echte war. Ich wusste innerlich, dass ich bisher auf dem falschen Weg gewesen war. Am nächsten Tag sortierte ich alle meine esoterischen Bücher aus, die ich über dreißig Jahre gesammelt hatte.

Ein großer Hunger nach Gott

Als meine Tochter von dem Missionseinsatz nach Hause kam, betete ich mit ihr gemeinsam und durch ein einfaches Gebet übergab ich mein Leben Jesus. Mich hungerte nach Gott. Deshalb sah ich viel ERF und suchte im Internet nach einer lebendigen Gemeinde. Schließlich fand ich eine, die 1.5 Stunden Autofahrt von uns entfernt war. Dort erfuhr ich mehr von Jesus.

Bei mir hat eine wirkliche Veränderung stattgefunden

Zu Beginn dachte mein Mann, dass ich wieder was Neues ausprobieren wollte. Als ich mich taufen ließ, fand er es anfänglich nicht gut. Doch bald merkte er, dass wirklich eine positive Veränderung in mir stattfand. Früher war ich ein perfektionistischer Workaholic, voller Ungeduld, angetrieben von Minderwertigkeitsgefühlen und Ängsten. Jetzt erlebte ich Gottes bedingungslose Liebe und Annahme, was eine ganz neue Ruhe und Gelassenheit in mein Leben brachte. Mit der Zeit wuchs auch in dem Leben meines Mannes sowie in dem Leben unserer anderen beiden Kinder das Verlangen, Jesus kennenzulernen.

In acht Müllsäcke aussortiert

Ich verstand, dass ich alles, aber auch wirklich alles, was mit Esoterik in unserem Hotel zu tun hatte, ausräumen sollte. Ich fing an, das komplette Wellness Hotel umzustrukturieren und sortierte alle esoterischen Gegenstände und Musik in acht Müllsäcke aus und warf sie weg. Alle esoterischen Behandlungen wurden abgesagt und ich fragte Gott, was ich stattdessen anbieten sollte. Dadurch entstand -RoLigio-, ein neues ganzheitliches Wellnesskonzept.

Unser ganzes Hotel ist nun auf ein christlich orientiertes Leitbild gegründet, das auch auf unserer Homepage zu finden ist. Basierend auf dem Bibelvers: Matthäus 6,33 - Trachtet zuerst nach dem Königreich Gottes und alles andere wird euch zufallen.

Der Friede Gottes

In Jesus habe ich den wahren Weg zu Gott gefunden. Ich bin angekommen und muss nicht länger suchen. Als Familie erleben wir ganz neuen Frieden und Lebensfreude. Ich merke, wie ich in schwierigen Umständen ganz anders reagieren kann. Ich wünsche jedem Menschen, dass er die wahre Erfüllung findet, ohne, wie ich, 30 Jahre suchen zu müssen. Deshalb erzähle ich mit Freude davon, was Jesus für mich getan hat.

Nora Oelkers

Ich fühlte mich UNERWÜNSCHT

Obwohl ich als Kind fast nie in die Kirche ging, wuchs ich mit dem Bewusstsein auf, dass es Gott gibt. Meine Schwester und ich sind ohne Vater aufgewachsen, doch unsere Mutter hat alles getan, um unsere Kindheit so glücklich wie möglich zu machen. Schon sehr früh habe ich eine Traurigkeit in mir verspürt. Bereits als Siebenjährige hatte ich mit Depressionen zu kämpfen und dachte viel über den Tod nach. Ich wollte einfach nicht mehr leben.

Geboren bin ich in Österreich, habe jedoch mehrere Jahre meiner Kindheit in Deutschland verbracht. Als gebürtige Österreicherin wurde ich als Ausländer behandelt und von meinen Mitschülern gehänselt und geschlagen. Ich fühlte mich sehr abgelehnt und unerwünscht. Von meinem sechsten bis zum zwölften Lebensjahr wurde ich sexuell missbraucht. Diese Erfahrungen verstärkten den Todeswunsch in mir und ich versuchte schon früh, einen Sinn im Leben zu finden.

Ich dachte ans Sterben

Als ich 13 Jahre alt war, begann ich Alkohol zu trinken und in der Schule wurde ich zum Klassenclown. Ich hatte mehrere Beziehungen, nur um irgendwie die Leere in mir zu füllen. Doch diese waren sehr oberflächlich, auch wenn ich innerlich eine starke Sehnsucht nach Frieden und echter Liebe verspürte. Einzig zu meiner Schwester und meiner Mutter hatte ich eine tiefere Beziehung. Mit 17 Jahren sind wir wieder nach Österreich zurückgekehrt. Meine Mutter hat sich auf ihre Heimat gefreut, doch mir waren dieser Umzug und die neue Umgebung nicht wichtig, denn ich dachte nur ans Sterben. In meinen Gedanken war ich sicher, dass ich sterben werde, sobald ich 18 Jahre alt bin. Während dieser Zeit lebte ich nur von Wochenende zu Wochenende. Meine Schwester und ich haben sehr viel getrunken, wir waren anmaßend und schlugen oft über die Stränge.

Es gibt einen Gott

Kurz vor meinem 18. Geburtstag kam ich eines Morgens von der Disco nach Hause. Innerlich hatte ich mit meinem Leben abgeschlossen. Ich nahm ein Messer und schnitt mir in die Pulsader. Das Blut begann zu laufen. In diesem Moment war es, als ob ein Film vor meinen Augen ablief. Ich sah all die Situationen vor mir, in denen mir Menschen von Jesus erzählt hatten. Augenblicklich war mir total klar: Es gibt einen Gott. Ich wusste, wenn ich jetzt sterbe, dann werde ich nicht zu Gott kommen. Keiner hat mir das gesagt, aber innerlich war ich mir dessen bewusst. In dem Moment habe ich zu Gott geschrien: „Gott, wenn es dich wirklich gibt, dann nimm mein Leben und mach etwas daraus!“

Mein Zimmer war plötzlich verändert, die ganze Finsternis und Hoffnungslosigkeit war wie von einem starken Licht vertrieben. Mir war klar: „Etwas ist geschehen! Mein Leben wird

nie mehr dasselbe sein!" Doch ich wusste nicht genau, wie es sich verändern würde. Ich machte einen Druckverband um mein Handgelenk, denn von nun an wollte ich leben!

Plötzlich kam Farbe in mein Leben

Einige Tage später fand in dem Lokal, in das ich normalerweise ging, um mich sinnlos zu betrinken, eine christliche Veranstaltung im zweiten Stock statt. Neugierig ging ich dort hin. Als der Prediger fragte, ob es jemanden gibt, der sein Leben Jesus geben will, fand in mir ein Kampf statt. Einerseits war es mir peinlich, zu zeigen, dass ich Jesus brauchte, andererseits habe ich klar gespürt, dass ich ihn brauche. Der Prediger sagte auch, dass es jemanden in der Versammlung gäbe, der die letzte Chance an diesem Abend hatte, sein Leben mit Gott in Ordnung zu bringen. Ich wusste, ich bin diese Person! Plötzlich spürte ich die starke Liebe Gottes. Ich stand auf und ging nach vorne. Während des Gebetes passierte etwas Merkwürdiges. In dem Moment, in dem ich mein Leben Jesus gab, wich alle Traurigkeit von mir. Es war, als würden Ketten über meinem Leben zerbrochen und plötzlich kam Farbe in mein bisheriges schwarzweißes Leben. Alles war neu!

Ich bin sehr radikal geworden

Als ich am nächsten Morgen aufstand, war alles anders. Ich spürte kein Verlangen mehr danach, mich zu betrinken. Ich wusste, Jesus hat alles neu gemacht! Ich bin sehr radikal geworden, weil diese Begegnung mit Jesus mich total verwandelt hat. Ich wurde ein neuer Mensch. Meine Schwester, die mittlerweile in der Punkszene zuhause war, fand das zu Beginn gar nicht gut. Sie war überzeugt, dass nur schwache Menschen so etwas brauchen und reagierte sehr aggressiv auf meine Bekehrung. Meine Mutter hat sich auch Sorgen gemacht und meinte, ich sollte doch nicht so fanatisch sein. Ich könnte doch einfach glauben und weiterleben wie bisher. Doch ich war innerlich ein anderer Mensch und wollte nicht mehr zu meinem alten Leben zurückkehren. Stattdessen begann ich, in den Gottesdienst zu gehen. Gott zu suchen, ihm nachzufolgen, das war mein Ziel und mir ging es gut dabei. Nach einem Jahr veränderte Gott unsere Familie. Meine Schwester bekehrte sich und gemeinsam mit meiner Mutter besuchten wir dann regelmäßig die Gottesdienste.

In vielen Ländern unterwegs

Die Leute in der Kirche waren sehr lieb zu mir, besonders ein älteres Ehepaar hat sich sehr liebevoll um mich gekümmert. In mir war ein starker Wunsch, allen Menschen um mich herum zu erzählen, was Jesus in meinem Leben getan hatte. Bald nahm ich mehrere junge Leute mit zur Kirche und begann dort eine Jugendarbeit. In mir brannte der starke Wunsch, Gottes Plan für mein Leben herauszufinden. Bald darauf besuchte ich eine Bibelschule in Deutschland. Ich wollte wirklich alles für Jesus geben, der so sehr mein ganzes Leben zum Guten verändert hatte.

Gemeinsam mit meiner Schwester, die ebenfalls die Bibelschule besuchte, begannen wir einen evangelistischen Dienst. Während der nächsten 12 Jahre waren wir in vielen Ländern unterwegs und haben den Menschen von Jesus erzählt. Wir unterstützten Kirchen und Gemeinden bei ihrer Arbeit und halfen auch dabei, neue christliche Gemeinden zu gründen.

Mein Mann Bola

Zu Beginn habe ich in Osteuropa und Afrika gearbeitet. Anschließend ging ich für fünf Jahre nach Zentralasien, wo sich

meine Schwester bereits stark engagierte. In Kirgisien haben wir gemeinsam mit einem Team eine Gemeinde gegründet und geleitet und eine Bibelschule aufgebaut. Einer der ersten Bibelschüler, der durch meine Schwester zum Glauben an Jesus gefunden hat, war mein Mann Bola. Unsere Liebe wurde eine wahrlich romantische Geschichte. Wir wussten beide, dass wir Gott von Herzen mit unserem Leben dienen wollten und haben unseren gemeinsamen Weg danach ausgerichtet. Wir blieben noch eine Zeit lang in Zentralasien, aber danach gingen wir für ein Jahr in eine christliche Arbeit nach Indonesien.

Österreich

Nach einiger Zeit spürten wir, dass Gott uns in Österreich haben wollte. Das war für uns wirklich eine Überraschung! Zurückzukehren in mein Heimatland war sowohl eine Freude, als auch eine Herausforderung. Seit dem Jahr 2000 bin ich wieder in Österreich und sehr froh darüber. Man kann Gott überall dienen, solange man sich dabei in seinem Willen befindet!

Heute arbeiten mein Mann und ich als Pastoren in einer Gemeinde in Villach. Bola unterstützt die Gemeindegründung in einer weiteren Stadt und ich habe einen christlichen Kindergarten und eine christliche Schule gegründet. Gemeinsam haben wir zwei Kinder und wir freuen uns jeden Tag, Gott dienen zu können. Ich liebe mein Leben mit Gott, denn es ist ein Abenteuer –genauso wie ich es brauche!

Jetzt weiß ich, warum ich lebe

Jetzt weiß ich, warum ich lebe und auf dieser Erde bin. Ich habe wirklich Lebenslust und darf erleben, dass ich mitten drin im Plan Gottes für mein Leben bin. Heute erlebe ich jeden Tag, den ich aufstehen darf, als ein Geschenk Gottes. Für ihn will ich auch mein Leben investieren. Ich wünsche mir, dass viele andere Menschen die Chance bekommen, Jesus kennenzulernen, so wie ich sie bekam. Ich bin sicher, dass ich ohne ihn nicht mehr am Leben wäre. Aber mit ihm ist mein Leben ein großes Abenteuer geworden. Aller Dank gehört Jesus!

Esther

AUF KEINEN FALL EIN LANGWEILIGES LEBEN

Mein Vater war Pastor und ich wurde gezwungen, in den Gottesdienst mitzugehen. Ich habe meinen Eltern durch meine Haltung deutlich gezeigt, dass ich nicht damit einverstanden war.

Meiner Mutter war klar, dass ich, obwohl ich in dieser Zeit gegen alles, was mit der Kirche zu tun hatte, rebellierte, eines Tages eine radikale Christin sein würde.

Rebellion

Geboren wurde ich 1957 in einer christlichen Familie in Hamburg. Wunder und Zeichen von Gottes Handeln waren bei uns völlig normal. Doch als Teenager wollte ich eigentlich nichts von der Gemeinde wissen. Ich habe die Leute in der Gemeinde als sehr religiös und langweilig erlebt. Ich dagegen habe immer Abenteuer geliebt. Auch als ich andere Wege gegangen bin, haben meine Eltern trotz allem zu mir gehalten. Auch wenn ich rebellierte, verlor ich doch niemals die Gewissheit, dass es einen Gott gibt.

Auf keinen Fall ein langweiliges Leben

Mit fast 18 Jahren hatte ich ein starkes Erlebnis mit Gott. Ich entschied mich, Jesus Christus neu in mein Leben einzuladen. Ich habe, man kann sagen, einen Bund mit Gott geschlossen. Ich gab ihm mein ganzes Leben, habe ihm aber auch gesagt, dass ich auf keinen Fall ein langweiliges Leben haben wollte. Ich ahnte damals nicht, wie ich es – haargenau - auf den Punkt getroffen hatte.

An diesem Tag habe ich meinen zukünftigen Mann kennengelernt. Wir waren eine Zeit lang in Kontakt, aber als er sich in mich verliebt hatte und mich heiraten wollte, war ich nicht damit einverstanden. Ich hatte nicht vor zu heiraten, sondern hatte meine eigenen Pläne. Doch auch in dieser Angelegenheit habe ich Gott um Rat gebeten. Mir wurde klar, dass Gott einen Plan für Winfried und mich zusammen hatte.

Afrika

Ich habe sehr jung geheiratet, und direkt danach sind wir als Missionare nach Afrika gegangen. Ich war damals 21 Jahre alt, Winfried 24. Wir kauften uns ein Auto und begannen die Reise nach Afrika. Die Zeit dort war nicht einfach, aber wir waren glücklich. Wir haben mit dem deutschen Evangelisten Reinhard Bonnke zusammen gearbeitet. Doch ziemlich schnell kamen die Prüfungen und Winfried wurde sehr schwer krank.

Vollständig geheilt

Selbst die Ärzte hatten ihn aufgegeben. Mit Malaria tropica kam er ins Krankenhaus. Sein Zustand war so schlecht, dass der Arzt nur noch abwarten konnte. Wir haben gebetet!
Als Winfried nach einer Woche langsam zu sich kam, war sein Körper extrem geschwächt und die weitere Diagnose noch schlimmer. Der Arzt hatte festgestellt, dass er zwar das Fieber überstanden, aber die Medikamente seine inneren Organe so geschädigt hatten, dass er als „tropenuntauglich" eingestuft wurde. Unsere Berufung, in Afrika zu arbeiten, schien von einem zum andern Moment zu schwinden. Doch Winfried antwortete dem Arzt: „Herr Professor, ich habe das verstanden, aber ich werde Gottes Ruf folgen, egal ob ich dabei sterbe oder lebe!" Winfried war neun Tage im Krankenhaus, ist dann aber über Nacht vollständig geheilt worden.

Zurück in Deutschland

Als Familie waren wir viele Jahre in der Missionsarbeit in Afrika. Ungezählte Male hat Gott uns durch sehr schwierige Situationen durchgeholfen. Mein Leben ist wirklich ein großes Abenteuer geworden, so wie ich mir es gewünscht habe. Als wir nach vielen Jahren in Afrika nach Deutschland zurückkehrten, habe ich neue Aufgaben angenommen. Ich leite heute die Gemeinde in Neugraben außerhalb von Hamburg, während Winfried im Bonnke Team weitermacht und zwischen Afrika und Deutschland hin und her fliegt, um als technischer Leiter bei den großen Einsätzen dort zu arbeiten.

Ein großes Herz für Menschen

Die Gemeinde Neugraben, Hamburg ist eine Gemeinde mit einem großen Herzen für die Menschen. Wir kümmern uns um Menschen, die am Rande der Gesellschaft gelandet sind. Unsere Teams sind bis zu sechs Mal wöchentlich auf den Straßen Hamburgs unterwegs und dienen Hunderten von Obdachlosen, Alkoholikern, Prostituierten und ebenso vielen Kindern in zwei Stadtteilen Hamburgs in drei verschiedenen Kinderstunden. Wir erleben, wie Menschen Jesus finden und damit auch eine neue Hoffnung und Heilung und eine gute Zukunft.

Mission Freedom

Am 1.1.2011 haben wir einen neuen Verein gegründet, der „Mission Freedom" heißt. Gott hat zu mir gesprochen, dass wir gegen den Menschenhandel aufstehen sollen. Es gibt tausende von Frauen, die wie Sklaven in Deutschland für Prostitution gehandelt werden. Auch hier in Hamburg gibt es sehr viele. Die Evangelische Allianz in Hamburg unterstützt uns, weil auch sie gespürt haben, dass wir etwas gegen die soziale Ungerechtigkeit tun müssen. Wir haben ein Gebäude erworben, um etwa 50 Frauen aufnehmen zu können. Wir wollen Prostituierten eine ganz neue Zukunft geben. Was die Zuhälter angeht, kann ich sagen, dass sie nicht meine Feinde sind. Ich glaube, dass Gott ihre Herzen verändern kann und ich habe auch keine Angst vor ihnen.

Ich bin eine sehr radikale Christin geworden.

Es ist eine ganz neue Aufgabe, diese Arbeit aufzubauen und ich denke, dass wir Christen aufstehen müssen, um diese Ungerechtigkeit zu bekämpfen. Manchmal frage ich mich, wie ich es schaffen soll, doch Gott gab mir einen Traum, durch den ich verstanden habe, dass es nicht allein an mir liegt , ob ein Projekt ein Erfolg wird, sondern Gott arbeitet auch mit anderen Menschen, die ihren Beitrag leisten und ich kann mich zwischendurch entspannen und ausruhen. Ich plane und arbeite für diese Arbeit, lasse mich aber auch von Gott täglich leiten. Ich bin eine sehr radikale Christin geworden, genauso wie meine Mutter es damals schon gewusst hat.

Gaby Wentland

www.mission-freedom.de

ZWEIMAL MEINEN MANN *verloren*

Fundamentalistische Menschen

Mein Zuhause war ein frommes Pflaster. Man kann sagen, dass meine Eltern fundamentalistische Menschen waren. Sie haben tatsächlich die Bibel ernst genommen und auch danach gelebt. Viele Dinge sahen sie als Sünde an. Sie waren streng und doch kann ich sagen, dass meine Kindheit sehr glücklich war, denn gleichzeitig war meine Mutter sehr liebevoll und warmherzig. Sie hat uns Kindern ein Bild von Gott vermittelt, das ihn als sehr liebevollen Gott zeigte. Mein Vater nahm die Bibel so sehr ernst, dass er einmal sogar ohne seine Schuhe nach Hause kam. Er hatte sie einfach an einen Mann verschenkt, der keine hatte.

Meinen eigenen Weg gehen

Unser Zuhause war geprägt von Kirche, Gottesdiensten und Stubenversammlungen mit anschließendem Kaffeetrinken. Als ich Teenager wurde, hatte ich das Bedürfnis auszubrechen, meinen eigenen Weg zu gehen. Mir schien die Lebensweise meiner Eltern zu eng. Trotzdem blieb ich weiterhin in der christlichen Gemeinde. Innerlich aber löste ich mich von vielen Sachen.

Ulrich

Mit 17 traf ich meinen Ehemann Ulrich. Er war genauso wie ich in einem christlichen Elternhaus aufgewachsen. Als ich 19 Jahre alt war, haben wir geheiratet. Wir sind dann ins Münsterland gezogen, fuhren aber am Wochenende zur Gemeinde nach Duisburg. Wir hatten irgendwie einen Nachholbedarf und wollten all das ausprobieren, was wir als Kinder nicht durften. Gott geriet dabei in den Hintergrund, weil andere Sachen und Erlebnisse in den Vordergrund rückten. Innerlich war ich zerrissen. Ich wusste eigentlich nicht, wohin ich wollte mit meinen Leben. Eines Tages standen unser Pastor und seine Frau vor unserer Tür und fragten, warum wir nicht mehr zur Gemeinde kämen. Also fuhren wir am nächsten Sonntag wieder in die Gemeinde.

Wir haben uns wirklich Kinder gewünscht

Als ich 20 Jahre alt war, ist unser erster Sohn Benjamin geboren. Vier Jahre später kam Andreas und unser Jüngster, Manuel, sieben Jahre später geboren worden. Wir haben uns wirklich Kinder gewünscht und waren glücklich. Ich war berufstätig, bis Benny ein paar Jahre alt war. Nach einem Umweg über den Schwarzwald und den Bodensee landeten wir wieder im Ruhrgebiet, in Duisburg. Mein Mann hatte sich mittlerweile als Getränkehändler selbständig gemacht. Nun hatten wir drei Söhne.

Ich lebte in zwei Welten

Während unserer Zeit in Süddeutschland hatte ich ein einschneidendes Erlebnis. Seit meiner Heirat lebte ich irgendwie in zwei Welten, in der Kirche und in der Welt. Ich konnte mich nicht entscheiden, in welche Richtung ich wollte. Eines Abends wollte ich meinen Mann in einem Karnevalszelt treffen. Auf dem Weg dorthin passierte es dann. Betrunkene Männer kamen mir entgegen und aus der Lautsprecheranlage dröhnte: „Wir kommen alle in den Himmel, weil wir so brav sind." Es war wie eine Stimme in meinem Inneren, die sagte: „Was machst du hier Anne, was ist aus dir geworden?" Ich drehte mich um und ging weinend nach Hause. Als ich dort ankam, ging ich auf meine Knie und sagte: „So, Jesus! Ab jetzt gehört mein ganzes Leben dir!" Ich wollte nicht mehr auf zwei Seiten stehen.

Noch mehr gebetet

Danach wurde unser Leben auf den Kopf gestellt. Mehrere Schicksalsschläge folgten kurz hintereinander. Ich verlor meine Arbeit. Die Firma meines Mannes ging kaputt, weil eine ganze Lieferung von Getränken gefroren ist und die Flaschen platzten. Unser LKW ging kaputt und noch ein paar andere Sachen passierten. Meine Reaktion war, dass ich noch mehr betete. Durch meine Oma bekamen wir oben in einem Gemeindehaus in Duisburg eine Wohnung. Wir zogen um, obwohl die Wohnung eine regelrechte Baustelle war. Als wir den Umzugswagen ausgeladen hatten, bekam mein Mann Arbeit als Lkw-Fahrer. Da stand ich mit meinen drei kleinen Kindern auf der Baustelle und mein Mann war fort. Als er wieder da war, hatten wir nur eine kurze glückliche Zeit zusammen.

Er wurde sehr hart

Mein Mann hielt damals Gott auf Abstand. Er hatte schon einen Glauben, lebte aber nicht mehr mit Jesus im Herzen. Er war enttäuscht von Christen und innerlich sehr hart geworden. Er konnte nicht mehr weinen. Ich ging regelmäßig zur Gemeinde, mein Mann aber kam nie mit. Dann passierten mehrere Dinge innerhalb kurzer Zeit, die wie eine Vorbereitung auf seinen Tod waren. Eines Sonntags zog er sich schick an. Ich fragte ihn warum. Er sagte dann, dass er an diesem Sonntag mit in den Gottesdienst käme.

Die meint doch wohl nicht meinen Mann!

Im Gottesdienst war eine junge Truppe von Christen zu Gast. Eine Frau sagte mitten im Gottesdienst, dass sie ihre Predigt ändern würde, weil sie spürte, dass jemand im Gottesdienst sei, der bald von Gott abgerufen würde, aber noch sein Leben mit ihm in Ordnung bringen muss. In diesem Moment dachte ich: „Die meint doch wohl nicht meinen Mann!“ Ich schaute ihn von der Seite an und sah, dass er geweint hatte. Es war das erste Mal seit vielen Jahren. Dann kam eine richtige Predigt zur Umkehr. Nach dem Gottesdienst sagte mein Mann: „Ich muss nach vorne gehen, um mit dem Pastor zu reden.“ Es wurde ein langes seelsorgerliches Gespräch, in dem er sein Leben neu Jesus gab.

Er sollte längst zu Hause sein

Am nächsten Tag fuhr er zur Arbeit. Eigentlich wollte er unseren Sohn Andreas mitnehmen, weil er Ferien hatte und gerne mit seinem Vater mitfuhr. Als er aber früh morgens vor dem Bett seines Sohnes stand, sagte er nur: „ Ach, den kleinen Kerl lassen wir schlafen!“, und so fuhr er ohne ihn zur Arbeit. Er drückte mich ganz fest bevor er ging und sagte: „Weißt du Anne, dass ich dich so unendlich liebe?!“, und so ging er aus dem Haus. Er fuhr einen LKW mit 36 Tonnen Eisen hinten drauf. Auf einer abfallenden Strecke im Raum Hagen versagten die Bremsen. Er verstarb noch an der Unfallstelle. Ich wartete bis in die Nacht auf ihn, er sollte längst zu Hause sein.

Ich war wie in einem Nebel

In der Nacht kam dann die Polizei, um mir die traurige Nachricht zu überbringen, dass mein Mann tödlich verunglückt war. Kurz darauf, in derselben Nacht, kamen meine Eltern. Da stand ich nun - alleine mit einem 10-jährigen und einem 7-jährigen Kind, sowie einem vier Monate alten Baby. Dazu kam, dass wir auch noch viele Schulden hatten. Mein Vater nahm alles in Zusam-

menhang mit der Beerdigung und dem Papierkram in die Hand. Meine Mutter half mir viel praktisch. Ich erfuhr auch von der Gemeinde viel Unterstützung und finanzielle Hilfe. Innerlich aber fühlte ich mich wie in einem Nebel. Nach einem halben Jahr redete meine Mutter sehr ernst mit mir und rüttelte mich aus meinem Schockzustand auf. Danach stürzte ich mich förmlich auf die Arbeit. Weil der Unfall ein Berufsunfall war, bekam ich Rente und kam so finanziell über die Runden.

Eine sehr harte Zeit

Es begann für mich eine sehr harte Zeit, aber in der Gemeinde waren viele um mich besorgt, auch Rüdiger, der mir sehr geholfen hat. Zuerst dachten wir beide, es bleibt bei der Freundschaft. Rüdiger kam oft und hat bei uns gegessen und uns viel geholfen. Er half mir auch mit den Kindern. Nach einiger Zeit machte er mir einen Heiratsantrag. Zuerst war ich skeptisch. Ich war der Meinung, dass man eine Frau mit drei Kindern nicht so leicht heiraten konnte. Er aber bestand darauf, dass er sich das gut überlegt hatte und gerne die Verantwortung für meine drei Kinder übernehmen wollte, wie ein Vater. Rüdiger half uns in allen Bereichen. Die Kinder akzeptierten ihn unterschiedlich. Zwei meiner Söhne nahmen ihn sofort an, aber einer meiner Söhne hatte Schwierigkeiten mit Rüdiger. Mit der Zeit änderte sich das jedoch und inzwischen ist er derjenige, der Rüdiger am ähnlichsten ist.

Holy Riders

Rüdiger war ein begeisterter Biker. In der ersten Zeit hatten wir aber nur das Geld für ein Auto. Als die Kinder ein wenig größer waren, ist er wieder auf das Motorrad umgestiegen. Er hatte irgendwie ein Bedürfnis, das freie Leben zu leben. Wir fanden guten Anschluss bei den verschiedensten Biker Clubs in unserer Region.

Ich spürte, dass ich auch eine Aufgabe in dieser Szene hatte. Mit der Zeit bekamen wir auch Kontakt zu Tribe of Judah und mit den Holy Riders, zwei christlichen Bikerclubs. Wir fühlten uns in dieser Gemeinschaft sofort wohl und wurden Mitglieder bei den Holy Riders.

Trotzdem immer auf Achse

Rüdiger war Feuer und Flamme. Er brachte sich viel in den Club ein und war durch und durch ein Biker. Bei verschiedenen Anlässen erzählte er Menschen von Jesus. Das war, nachdem er ein neues, starkes Erlebnis mit Jesus hatte. Nach diesem Erlebnis war er irgendwie anders. Leben bedeutete für ihn, anderen Menschen von Jesus zu erzählen. Überall erzählte er Menschen von Jesus.

Die Ärzte stellten bei Rüdiger fest, dass er nur noch eine 30%ige Herzleistung habe. Dazu kam ein schwerer Diabetes. Aber er war trotzdem immer auf Achse mit seinem Motorrad.

Ich wollte zum Krankenhaus fahren

Als wir 2008 in den Urlaub fuhren, mietete er sich ein Motorrad. Er fuhr durch die Berge und hat es total genossen. Eines Abends, bevor er einschlief, drehte er sich um und sagte zu mir: „Sei nicht traurig, wenn ich morgen nicht aufwache." Einige Sekunden vorher war ein Gedanke in mir hochgeschossen, dass Gott ihn bald heimholen würde. Ich sagte nichts, war aber innerlich unruhig nach seinem Kommentar.

Auf dem Flug nach Hause sah ich, wie er leise vor sich hin weinte. Nachher erzählte er mir, dass er dachte, dass er im Flugzeug sterben würde. Ich wollte zum Krankenhaus fahren, er wollte aber nach Hause. Also fuhren wir dorthin. Einen Tag lang war er krank, aber dann kam er wieder auf die Beine.

Er war tot, einfach so!

An einem Tag kurze Zeit später fuhren wir in unsere Gemeinde. Auf der Heimfahrt haben wir beide im Auto gesungen. Als wir zu Hause ankamen, hatte er Lust auf ein Eis. Ich ging es holen, er ging sich die Hände waschen. Dann nahm er meinen Kopf zwischen seine Hände und küsste mich auf den Kopf. Er gab mir einen Löffel voll Eis und dann fiel sein Kopf zur Seite

- er war tot. Einfach so! Ich war wie versteinert. Dann rief ich um Hilfe und die Jungs sind gekommen. Langsam wurde es mir bewusst: Ich bin zum zweiten Mal Witwe geworden. Diesmal wusste ich, was auf mich zukommen würde an Traurigkeit und Einsamkeit.

Ich bin wirklich nie alleine

Und doch war ich nicht allein. Gott war das erste Mal dabei, als ich Witwe geworden bin, und auch jetzt erlebte ich seine Fürsorge und Liebe. Ich bin wirklich nie alleine, Jesus ist da, aber auch meine Familie, meine Söhne, meine Schwiegertöchter und meine Enkelkinder. Auch wenn ich natürlich traurige Momente habe und mich manchmal frage, was jetzt auf mich zukommt und in welche Richtung ich gehen soll, weiß ich gewiss, dass mein Leben sicher ist in den Händen Jesu. Da habe ich Frieden.

Die Ewigkeit ist lang

Was ich in all diesen Jahren gelernt habe, ist, dass es das Wichtigste im Leben ist, in der Nähe Jesu zu bleiben, auf ihn zu hören und das zu tun, was er sagt. Das Leben ist so unendlich kurz, aber die Ewigkeit ist lang. Das Beste, was wir Menschen in unserem Leben hier auf Erden tun können, ist, für die Ewigkeit zu leben. Jesus ist treu – vertraue dein Leben ihm an.

Anne

Interview mit INGRID.

Wer bist du Ingrid?
72 Jahre alt, verheiratet seit 51 Jahren mit Dieter, 2 Kinder und 4 Enkelkinder

Was machst du beruflich?
Sekretärin von Bible for the Nations e.V. und der Scheytt-Stiftung in Reken

Hast du alles im Griff?
Schön wäre es, leider nicht immer, aber ich bemühe mich

Hast du ein Hobby?
Wandern, malen, tanzen (Folklore), lesen, basteln

Traumziel/-reise?
Berglandschaften

Dein Vorbild?
Corrie ten Boom (1892–1983)

Dein Lieblingsbibelvers?
Verlasst euch stets auf den Herren, denn Gott, der HERR, ist ein ewiger Fels
Jesaja 26. 3

Welche drei Dinge würdest du auf eine einsame Insel mitnehmen?
1. meinen Dieter
2. Werkzeug
3. Stift und Papier

- eine gute Matratze ist auch wichtig

Was macht dich traurig?
Wenn Menschen nicht gut miteinander auskommen, besonders unter Eheleuten und in der näheren Familie.

Dein Lebensmotto?
Hinter den Wolken scheint die Sonne
(ich mag so gerne blauen Himmel)

Was würdest du gerne hören, das deine Freunde über dich sagen?
Gott ist in ihrem Leben zu erkennen

BEFREIT VON EINEM LEBEN ALS Hexe

Zielscheibe der ganzen Klasse

Schon in jungen Jahren kam ich mit dem Okkultismus in Berührung. Dadurch wurde mein Leben fast zerstört.

Ich war acht Jahre alt, als wir von Finnland nach Schweden umzogen. In ein fremdes Land zu kommen, dessen Sprache man nicht beherrscht und in eine Schule zu gehen, in der man kein Wort versteht, das wäre für jeden eine schwere Umstellung gewesen. Für mich war es die reine Katastrophe! Ich verstehe ausländische Kinder und Flüchtlinge sehr gut, die es auf viele Weise schwer haben, weil sie sich in der neuen Sprache nicht so ausdrücken können, wie sie es gerne möchten. Stattdessen versucht man es mit Körpersprache, was manchmal dumme Folgen wie Schlägereien haben kann.

Weil ich kein Wort von dem verstand, was meine Lehrer oder Klassenkameraden sagten, war ich unsicher, schüchtern und zurückhaltend. Nach nur ein paar Tagen in der neuen Schule fingen bereits alle an, auf mir herumzuhacken. Das Ganze entwickelte sich zu richtigem Mobbing. Die Mädchen ignorierten mich einfach, und die Jungen schubsten und schlugen mich, wo es nur ging. Warum waren alle so gemein zu mir? War es nur wegen der Sprache, oder war irgend etwas anderes an mir nicht in Ordnung? Ich war innerlich voller Fragen.

Jeden Morgen Bauchweh

Die Erwachsenen reagierten nicht auf diese Schikanen, was natürlich daran liegen konnte, dass niemand wirklich verstand, wie schlecht es mir ging. Damals kannte kaum jemand das Wort „Mobbing", im Unterschied zu heute, wo dieses Thema überall heiß diskutiert wird. Schließlich kam es so weit, dass ich jeden Morgen Bauchweh hatte, wenn es Zeit für die Schule war. Ein unheimliches Angstgefühl machte sich in mir breit. Das Einzige, worauf ich mich freute, war der Abend, wenn ich endlich unter meine Bettdecke kriechen konnte. Dort – in Sicherheit – konnte mir niemand etwas tun.

Nach jahrelangen täglichen Schikanen hatte sich in mir so viel Hass auf meine Klassenkameraden angestaut, dass ich einfach ausrastete: Ich begann zurückzuschlagen! Schließlich war ich trotz allem die Größte, und darin sah ich nun meinen großen Vorteil. Ich war körperlich einfach stärker als alle Plagegeister in meiner Klasse.

Meine beiden jüngeren Brüder halfen mir, es allen heim zu zahlen, die mich einmal geschlagen hatten. Die Schikanen hörten auf, aber ich hatte nie wirkliche Freunde in meiner Klasse. Stattdessen begann ich, mit Leuten herumzuhängen, die älter als ich waren.

Gläserrücken

Meine Mutter war Christ, was praktisch bedeutete, dass ich mit Kindergottesdienst und Kirchenbesuchen aufgewachsen bin. Aber als ich Teenager wurde, entschied ich, dass ich nichts mehr mit dem Gott meiner Mutter zu tun haben wollte. Ich hielt das Leben als Christ für furchtbar langweilig und voll von Verboten. Alles, was Spaß machte, war verboten und man sollte es so langweilig wie möglich hier auf der Welt haben.

Ich war innerlich verletzt, mein Selbstbewusstsein war zerbrochen, und ich fühlte eine große Leere in mir. Einige ältere Freunde hatten mit Gläserrücken angefangen. Das hörte sich spannend an! Ich wollte auch dabei sein und die Sache mal ausprobieren. Um wirklich sicher zu sein, dass niemand von den anderen das alles irgendwie steuerte, stellte ich gezielte Fragen, auf die nur ich die Antwort wissen konnte. Zu meinem großen Erstaunen funktionierte es: Das Glas, das wir benutzten, bewegte sich wie von selbst von einem Buchstaben zum anderen und gab mir die Antworten, die ich haben wollte. „Cool!", dachte ich. Vielleicht hatte ich hier etwas gefunden, was dem Leben Spannung und Sinn geben konnte.

Satanismus

Seitdem beschäftigte ich mich immer mehr mit okkulten Dingen. Ich verschlang alle okkulte Literatur, die ich auftreiben konnte (zu dieser Zeit war das aber nicht sehr viel). Heute haben ja die meisten Buchhändler jede Menge okkulte Bücher. Doch weil ich innerlich sperrangelweit offen für alles Übernatürliche war, wurde ich wie ein Magnet zu Menschen hingezogen, die sich mit solchen Dingen beschäftigten.

Durch Zufall traf ich ein paar ältere Jugendliche, die Satanisten waren. Ihre Ideologie sprach mich sofort an: „Mach, was du willst! Das Wichtige ist einfach, dass es dir selbst dabei gut geht. Es macht überhaupt nichts, wenn du andere überfährst. Hauptsache, du kommst zu deinen Zielen. Die Starken sollen über die Schwachen siegen, die sowieso ausgerottet werden müssen."

Eine Ideologie des totalen Egoismus, in der ich mich endlich stark fühlen und auf andere herabsehen konnte. Nach einer Weile wurde immer deutlicher, dass diese Jugendlichen nicht nur eine Ideologie von totaler Selbstbezogenheit hatten, sondern alles auch auf verschiedenste Weise in die Tat umsetzten. Ich wurde mit hineingezogen in diese – wie ich damals fand – spannenden Aktivitäten.

Zur Hexe geweiht

Viele Jahre lang bin ich geärgert und drangsaliert worden, aber nun hatte ich die Möglichkeit, mich an allen Beteiligten zu rächen. Ich legte Flüche auf sie, und Voodoo war dabei eine sehr effektive Rachemethode. Ich sah ganz konkret, wie sich diese unsichtbaren Flüche an den Menschen erfüllten, auf die Voodoo angewendet worden war. Einerseits war ich von dieser übernatürlichen Geisterwelt fasziniert, andererseits beschlich mich ein unheimliches Gefühl. Ich war völlig davon überzeugt, dass die schwarze Magie, mit der wir hantierten, eine Realität war. Aber was für Kräfte standen hinter dieser geistlichen Welt? Jedenfalls nicht der Gott meiner Mutter, dessen war ich mir sicher. Schließlich waren doch einige Wahrheiten aus dem Kindergottesdienst bei mir hängen geblieben! Ich hatte von einem Gott gehört, der gut ist und vom Teufel, der böse ist. Sie waren Gegenpole. Wahrscheinlich war das hier der Teufel, der böse war, wenn man den Christen Glauben schenken wollte. Er steckte wohl hinter der Magie, mit der wir uns befassten. An dem Tag, an dem ich zur Hexe geweiht wurde, sagte ich mich von allem los, was

"Ich hatte von einem Gott gehört, der gut ist und vom Teufel, der böse ist."

mit dem Christentum zusammenhing. Ich glaubte völlig daran, dass mein Leben ein Erfolg werden würde. Alles, was ich mir vornähme, würde mir gelingen. Und die geistliche Welt würde mich beschützen, wenn ich das tat, was meinem Herrn, Satan, gefiel. Aber mit wie vielen geistlichen Aktivitäten ich mein Leben auch anfüllte und wie viele übernatürliche Erlebnisse ich auch machte (z. B. Astralreisen, außerkörperliche Erlebnisse), es gab dennoch eine nagende Unruhe in mir. Die Leere in meinem Inneren wurde jeden Tag größer.

Beruhigungsmittel und Morphin

Schließlich begann ich, Beruhigungsmittel und Morphium zu nehmen, um die Angst loszuwerden, die wie eine Lawine in mir anwuchs. Weil Drogen nur eine Weile Abhilfe schaffen konnten, war das keine gute Lösung.

Als ich gerade 20 Jahre alt war, bekam ich ein Kind mit dem Mann, den ich einige Jahre zuvor geheiratet hatte. Er hatte keine Ahnung von Satanismus, aber stattdessen hatte er Alkohol- und Drogenprobleme. Die Ehe ging nach ein paar Jahren zu Bruch, und ich bekam das Sorgerecht für unseren Sohn Mikael. Nun hatte ich eine neue Aufgabe, nämlich Mikael von Anfang an zu einem guten Satanisten zu erziehen. Genauso wie Christen es normal finden, ihre Kinder in ihrer Religion zu erziehen, wollte ich meinen Sohn in das einführen, was ich glaubte. Aber das Leben entwickelte sich nicht planmäßig. Mikael hatte von der ersten Klasse an Probleme in der Schule. Er war aggressiv den Lehrern und allen anderen gegenüber, die auf irgendeine Art über ihn bestimmen wollten. Sowohl

"Ich begriff, dass Gott mich gehört und auf mein Gebet geantwortet hatte."

mir als auch meinem Sohn ging es immer schlechter.

Immer deprimierter

Ich wollte mit dem Satanismus brechen, denn ich wurde durch ihn immer deprimierter. Das Leben schien eine einzige schwarze Nacht zu sein, aus der ich nicht entkommen konnte. Gab es jemanden oder etwas, was mir helfen konnte? Meine Gedanken gingen zu dem Gott zurück, von dem ich als Kind gehört hatte. Ob er mir helfen konnte? Würde er wohl hören, wenn ich zu ihm betete? Ich war mir nicht sicher, ob ich es wagen konnte, denn ich glaubte, dass die dunklen Mächte stärker waren als der Gott der Christen.

Schließlich nahm ich all meinen Mut zusammen und machte einen Versuch. „Wenn du mich hörst und mir helfen kannst, dann zeig mir das irgendwie.", betete ich. Sofort war da ein starker Gedanke: „Geh zur Pfingstkirche, jetzt, sofort!" „Ach was, nie im Leben!", dachte ich. Wenn Gott mit mir reden wollte, musste er schon einen Engel schicken. Aber vielleicht hatte ja Gott mir den Gedanken gegeben. Dann durfte ich das nicht verpassen, überlegte ich – und war schon unterwegs. Der Gottesdienst hatte bereits angefangen, als ich ankam. Der Pastor stand vorne am Rednerpult, um mit der Predigt zu beginnen. Ich setzte

mich ganz hinten hin. Da geschah etwas. Der Pastor sagte, dass er gerade eine Botschaft von Gott für jemanden in der Versammlung bekommen hatte. Was er dann sagte, passte genau in meine Situation, mit allen kleinen Details. Ich begriff, dass Gott mich gehört und auf mein Gebet geantwortet hatte. Er kümmerte sich um mich!

Der Jesus der Bibel

Nach diesem Erlebnis ordneten sich plötzlich die Dinge in meinem Leben, genau wie bei einem Puzzle. Ich bekam Kontakt mit Christen, die Mikael und mir halfen, an einen Ort zu kommen, wo uns mit unseren Problemen geholfen werden konnte. Wir durften bei einer christlichen Familie wohnen, die uns half, den Weg zu Gott zu finden. Ich entschied mich, den Jesus der Bibel als Gottes Sohn und meinen persönlichen Retter anzunehmen. Da spürte ich, wie alles Dunkel verschwand und Licht mein Inneres erfüllte. Das Leben bekam Sinn und Inhalt. Die Leere, die ich immer in mir gefühlt hatte, wurde mit Gottes Liebe gefüllt.

Zum zweiten Mal mit dem gleichen Mann verheiratet

Heute bin ich wieder mit Mikaels Vater verheiratet. Auch sein Leben ist von Gott verwandelt worden. Nun erzähle ich von meinem Leben und warne vor Okkultismus aller Art. Ich erzähle davon in den unterschiedlichsten Veranstaltungen und vor verschiedensten Altersgruppen. Etwas ist jedenfalls sicher: Jesus kann auch die hoffnungsloseste Situation verändern!

Heli Nothdurf

AUF DER SUCHE NACH Liebe

Ein richtiger Rebell

Meine Kindheit war sehr behütet, aber dennoch schön. Wir hatten jede Menge Platz, um zu spielen und zu toben. Unsere Eltern gaben sich viel Mühe, uns mit viel Liebe ordentlich zu erziehen. Als Teenager wurde ich dann aber ein richtiger Rebell. Ich glaube, es lag daran, weil ich die Jüngste von vier Kindern war. Alles, was die Eltern sagten, musste ich verneinen oder extra das Gegenteil machen. Ich wollte alles selber austesten und herausfinden, wie es für mich stimmte.

Es war eine harte Zeit für meine Eltern. Dabei mussten sie so manches ertragen und hatten viele schlaflose Nächte. Alles, was sie mir verboten, wurde für mich unglaublich interessant. So ging ich oft nach draußen, kiffte und rauchte. Mit 16 Jahren fing ich an, regelmäßig auszugehen. Immer auf der Suche nach Spaß und Vergnügen. Dabei kam ich oft an meine körperlichen und psychischen Grenzen. Was ich erst jetzt merkte, war, dass ich die Zeiten in den Clubs deswegen so suchte, um mit Alkohol meine Gefühle zu betäuben. Oder um mir die Aufmerksamkeit von den Jungs zu holen, nach der ich mich auch sehnte.

Mich traf es tief in meinem Herzen

Zu dieser Zeit lernte ich meinen Ex- Freund kennen. Damals, als ich 18 Jahre alt war, dachte ich: „Jetzt wird alles gut, jetzt hast du einen Freund, jetzt wirst du endlich geliebt!" In meiner Naivität dachte ich, dass er der Mann meines Lebens sei. Aber das „böse Erwachen" kam schneller als ich dachte. Denn die Beziehung zu ihm tat mir nicht gut. Er gab mir oft das Gefühl, dass ich nicht schön genug, schlank oder gebräunt genug und gestylt genug für ihn sei. Er versteckte seine Begeisterung für perfekte TV- oder Popstars nicht. Im Gegenteil, er konfrontierte mich häufig damit, wie sexy Angelina Jolie doch sei und wie gerne er doch die eine Schauspielerin haben möchte... Mich traf es jedesmal tief in meinem Herzen, wenn wir uns zusammen einen Kinofilm ansahen und er von der Hauptdarstellerin oder von sonst einer Frau so schwärmte. Dabei wünschte ich mir, er hätte nur Augen für mich.

Ich wollte seine Prinzessin sein. Verbissen fing ich an, noch mehr an meinem Äußeren zu arbeiten. Ich wollte für ihn schön sein, damit er mich endlich von ganzem Herzen lieben würde. Zu der Zeit war es mit meinem Selbstvertrauen definitiv aus. Dabei merkte ich nicht, was das Ganze aus mir machte. Wenn ich in den Spiegel schaute, dann fing ich an, jemand anderes zu sehen. Es war so, als wenn meine Augen für meine eigene Schönheit blind wären. Ich konnte nur noch alles Negative an mir sehen.

Bulimie

In der Hoffnung, endlich geliebt, begehrt und angenommen zu werden, fing ich an, fast nichts mehr zu essen. Alles drehte sich nur noch ums Essen. In einer kurzen Zeit nahm ich gleich 14 Kilo auf einmal ab. Natürlich hatte ich durch das ewige Hungern schon bald Fressattacken, die mich dann zur Bulimie führten. Dabei lebte ich in ständiger Angst, dass ich wieder zunehmen könnte. Also nahm ich das ständige Erbrechen in Kauf. Immer darauf bedacht, dass niemand etwas von meiner „Brecherei" mitbekam, lebte ich ein grausames Doppelleben. Innerlich zerbrach einiges, aber ich ließ es mir nicht anmerken. Im Gegenteil, meine ganzen Sorgen und die seelischen Schmerzen versuchte ich durch ein perfektes Make-up und ein aufgesetztes Lächeln zu verbergen. Es durfte niemand wissen, wie es um mich stand, weil ich mich so sehr dafür schämte.

Ich hatte mich selber verloren

In meiner Schwachheit hatte ich Probleme mit meiner Sensibilität. Negative Schlagzeilen in der Zeitung konnten mich schon in Tränen ausbrechen lassen. Alles, was nur ansatzweise negativ war und in irgendeiner Form an mich herangetragen wurde, zog mich in ein noch größeres emotionales Tief. Die Welt und ihre Sorgen wurden auch zu meinen Sorgen. Manchmal verstand ich mich selber und die Welt nicht mehr. Mein Leben war ein einziger Trümmerhaufen. Ich hatte mich selber verloren. Mir war es sogar egal, wenn es beim Erbrechen weh tat. Dabei dachte ich mir: „Du hast es ja nicht anders verdient!" In der schlimmsten Zeit konnte ich drei Mal am Tag fressen und danach wieder alles auskotzen.

Je länger dies andauerte, desto mehr merkte ich, dass es so nicht mehr weiter gehen kann. Dann beschloss ich endlich, mich dagegen zu wehren und suchte eine Psychotherapeutin auf. Nach einigen Sitzungen dachte ich, dass diese Gespräche mir überhaupt nichts bringen würden. Dabei hatte ich meine ganze Hoffnung auf die Therapie gesetzt. Später realisierte ich, dass es für mich nur noch eine Hoffnung gab. Also fing ich an, Gott neu zu suchen. Ich verstand, dass nur Gott alleine mir die Liebe geben kann, nach der ich mich so sehnte. Daraufhin betete ich zu Jesus und vertraute ihm mein Leben an. Im Gebet bat ich ihn um die Vergebung von meinen Sünden.

Er wollte mich umbringen

Kurze Zeit danach wurde mir klar, dass ich sofort die Beziehung zu meinem Freund beenden muss. Vorher konnte ich die Zusammenhänge nicht erkennen. Ich war so abhängig von ihm, dass ich nicht merkte, wie diese Beziehung mich abwärts zog. Als ich mich von ihm trennte, konnte er es überhaupt nicht verstehen. Er war fassungslos und rief mich ständig an, bis ich Mitleid mit ihm hatte und mich mit ihm für ein klärendes Gespräch verabredete. Wir trafen uns auf einem Parkplatz in der Nähe meines Elternhauses. Ich setzte mich zu ihm ins Auto, dann fingen wir an zu diskutieren. Es ging wie immer um dieselben Themen.

Dann fragte er mich, ob ich irgend-

wann wieder mit ihm zusammenkommen möchte. Ich sagte ihm, es gäbe keine Chance, es käme nicht in Frage. Dann griff er blitzschnell hinter meinen Sitz, und hatte danach ein Seil in der Hand. Alles ging sehr schnell. Ich begriff nicht, was er vorhatte. Schon war mein Hals dreimal mit dem Seil an die Auto-Nackenstütze angebunden. Ich war gelähmt vor Schreck. Mein Hals schmerzte, ich rang nach Luft, bekam jedoch keine. Panik stieg in mir auf. Er wollte mich umbringen! Als ich dies halbwegs realisiert hatte, versuchte ich so gut es ging, mich zu wehren. Meine Arme ruderten unkontrolliert umher, ich konnte sie nicht mehr koordinieren. Innerlich schrie ich verzweifelt zu Gott! Dann wusste ich auf einmal, dass ich ihm mit den Fingern in die Augen fassen sollte. Das tat ich dann auch, danach löste sich die Spannung des Seiles und er ließ mich frei. Dass ich in diesem schrecklichen Moment voller Angst und Schock wusste, wie ich reagieren musste, verdanke ich Gott. Ein Wunder.

Er wartet nur darauf

Später durfte ich erfahren, wie Jesus mich von meiner Bulimie befreite. Heute esse ich wie eine normale Frau. Er hat auch mein Selbstbewusstsein wieder hergestellt und mein zerbrochenes Herz neu gemacht. Heute bin ich mit dem für mich besten Mann verheiratet. Gott hilft mir, ihm zu vertrauen und mich ganz in unsere Ehe zu investieren. Anhand dieser Ereignisse weiß ich, dass Jesus mich liebt. Er wünscht sich, dass ich lebe! Ich weiß, dass er auch dich liebt. Er wartet nur darauf, dass du mit deinem ganzen Schmerz und deinen ganzen Problemen zu ihm kommst.

Miriam

3200 KM *barfuss* DURCH DEN *Dschungel*

Schüsse und Streitereien in der Umgebung

Nach meiner Ausbildung als Krankenschwester in der Schweiz habe ich mich entschieden, in Afrika zu arbeiten. Das war für mich viel spannender, als in der Schweiz in einer Klinik als Krankenschwester tätig zu sein. Durch die Schweizerische Allianz Missionsgesellschaft kam ich nach Angola. Die erste Zeit war sehr schön; ich habe die Sprache und die Kultur kennengelernt. In Afrika musste ich viele selbständige Entscheidungen bei der Arbeit treffen und eine meiner wichtigsten Aufgaben war es, die Angolaner auszubilden. Ich arbeitete für 12 Jahre auf einer großen Leprastation, dann später auf einer Außenstation. Als es im Land unruhiger wurde, sind fast alle Missionare, die Kinder hatten, wieder in die Heimat gefahren. Ich war alleinstehend und bin auf der Missionsstation geblieben. Oft hörten wir Schüsse und Auseinandersetzungen in der Umgebung, manchmal hatte ich Angst, doch immer wieder haben wir den Schutz Gottes erlebt.

„Nein, tötet sie nicht!"

Nach einer Weihnachtsfeier auf der Station, mitten in der Nacht, kamen die Rebellen von UNITA. Zuerst hatte ich keine Angst vor ihnen, weil sie mich kannten und sie mir ihre Dankbarkeit gezeigt hatten. Die Rebellen, die aber in dieser Nacht kamen, kannten mich nicht. Sie zogen mich, nachdem ich nicht auf ihren Befehl reagiert hatte, einfach nach draußen. Auf der Veranda zog einer der Rebellen sein großes Buschmesser, um mich zu töten. Da hörte ich von hinten, wie ein anderer Rebell rief: „Nein, tötet sie nicht!" Er sagte, sie sollten mich mitnehmen. Ohne Schuhe und Kleidung, barfuß und nur mit Nachthemd, haben sie mich verschleppt. Ich war an den Händen gefesselt und wurde zusammen mit noch fünf anderen vom Personal des Missionskrankenhauses weggeführt. Später trennten die Rebellen mich von den andern und ohne, dass ich es mitbekam, brachten sie die anderen um. Das ganze Krankenhaus haben sie verwüstet.

3200 km in sieben Monaten

Da war ich nun, im Dschungel, barfuß, im Nachthemd, umgeben von bewaffneten Männern, die voller Wut und Hass waren. Weil ich ihre Sprache gelernt hatte, konnte ich mich mit den Rebellen verständigen. Nie hätte ich mir träumen lassen, dass dies der Anfang eines Marathonlaufes über 3200 km innerhalb von sieben Monaten werden würde. Zuerst habe ich nicht richtig realisiert, dass dies eine echte Entführung war, doch langsam begriff ich, dass ich eine Gefangene war. Ich musste die ganze Nacht laufen. Ich wusste nicht, was die Rebellen mit mir vorhatten. Aus Angst musste ich mich erbrechen und war ganz außer mir. Ich war so fertig, dass ich die Rebellen gebeten habe, mich zu töten. Ich wollte einfach nicht weiter. Ich bat sie, mich lieber zu erschießen und nicht mit dem Buschmesser zu töten. Sie aber sagten, ich sollte weiterlaufen.

„Langsam begriff ich, dass ich eine Gefangene war".

Die Bibel und ein paar Brillen

Es war ein langer Lauf von Lager zu Lager. Jeden Tag musste ich barfuß laufen, in der Nacht musste ich draußen schlafen, in Kälte und Regen. Was mir Kraft gegeben hat und was das erste Zeichen von oben in dieser Situation war, als einer der Rebellen mir eine Bibel gab. Ich war überglücklich. Kurz danach reichte er mir ein paar Brillen. Ich war so froh über die Bibel, dass ich gar nicht daran gedacht hatte, dass ich ohne Brille nichts lesen konnte und der Rebell hatte ja auch keine Ahnung, dass ich eine Brille brauchte. Aber aus irgendeinem Grund schenkte er mir diese Brillen. Jeden Tag las ich in der Bibel und schöpfte daraus die nötige Kraft.

Zum Essen gab man mir Maisbrei und Fische, die sehr gestunken haben. Ich wollte das nicht essen und dachte aus Wut über einen Hungerstreik nach. Doch dann kam mir plötzlich der Gedanke, dass ich auf der Veranda vor dem tödlichen Buschmesser bewahrt worden bin. Wollte Gott, dass ich noch weiterlebe? Ich beschloss, dass ich das Meinige dazutun wollte, um zu überleben, und aß alles, was sie mir gaben. Ich ließ meine Wut los und beschloss, den Soldaten zu vergeben und Gott zu vertrauen, obwohl ich nicht verstehen konnte, warum dies alles mit mir geschah.

2. Mose 23,20

Der Anführer der Rebellen beschloss, dass man mich in das Hauptlager auf der anderen Seite des Landes bringen sollte. Das bedeutete eine Wanderung von 3200 km ohne Schuhe und mit nur wenig Kleidung, Tag und Nacht in einem Kriegsgebiet. Manchmal mussten wir eine ganze Woche lang wieder zurückgehen und einen Umweg um das Kriegsgebiet machen. Ich habe nicht alles verstanden, aber irgendwie doch mitbekommen, dass ein langer Marsch vor mir lag. Während dieser Zeit las ich in der Bibel und kam dabei an eine Stelle, in der es heißt:

„Siehe, ich sende einen Engel vor dir her, der dich behüte auf dem Wege und bringe dich an den Ort, den ich bereitet habe" (2.Mose 23, 20). Ich war überrascht, aber ich wusste, es war ein Wort vom Herrn. Ich war mir sicher, dass ich einen Engel bei mir hatte, der mit mir gehen und mich ans Ziel bringen würde. Das gab mir die Kraft zum Weitergehen.

Die Einsamkeit machte mir sehr zu schaffen

Ich lief und lief und lief - und ich hatte Gottes Schutz. Kein wildes Tier griff mich an, auch keine Schlangen oder Krokodile. Die Moskitos, die mich gestochen haben, haben mich nicht mit Malaria angesteckt. Bei den Schießereien bin ich nicht verwundet worden. Ich musste schmutziges Wasser trinken, ohne es vorher abzukochen, und bin nicht krank geworden. Bei den Übernachtungen im Busch, im „Hotel tausend Sterne", kam ich abends zur Ruhe. Obwohl ich manchmal traurig war, litt ich nicht an Depressionen. Meine Füße waren voller Wunden und taten mir sehr weh. Auch die Einsamkeit machte mir sehr zu schaffen. Manchmal träumte ich von Mahlzeiten, die ich essen würde, wenn ich wieder frei sein würde. Wonach ich mich am meisten sehnte, waren Rösti.

An meine Grenzen gekommen

Wenn ich mich ausruhen durfte, dachte ich darüber nach, was mit mir passieren würde und was die Rebellen mit mir vorhatten. Doch immer wieder schenkte Gott mir seinen Frieden. Es geschah ein paar Mal, dass ich an meine Grenzen der Kraft kam. Eines Abends, als wir das Lager aufgeschlagen hatten, überfiel mich ein starkes Gefühl von Hilflosigkeit und Verlassenheit, das mich überwältigte. Ich konnte nur noch weinen. Einer der Rebellen, der mich früher gefragt hatte, warum ich die Bibel lesen würde, kam auf mich zu, sah, dass ich weinte und fragte: „Was hast du heute in der Bibel gelesen?" Er wollte mich ermutigen, meinen Glauben an Gott festzuhalten – auch in den dunkelsten Tagen.

„Jeden Tag las ich in der Bibel und schöpfte daraus die nötige Kraft".

Auch die Sterne am Himmel waren wie Leuchtfeuer in meiner Finsternis. Es war, als würden sie mir Mut zusprechen und mich daran erinnern, dass Menschen für mich beten. Ich begriff, dass Gott von meiner Situation wusste, auch wenn Menschen nicht wussten, wo ich war.

Aus meiner Gefangenschaft das Beste machen

Was fast am Schlimmsten für mich war, war, als ich in die verschiedenen Lager kam und viel Not und Krankheit sah und nichts machen konnte. Ich hatte keine Medikamente und konnte den Menschen nicht helfen. Sie verstanden nicht, warum ich als Weiße ihnen nicht helfen konnte, sondern selber eine Gefangene war.

Die Soldaten wechselten sich bei den Fußmärschen ab, nur ich war gezwungen, die ganze Strecke zu laufen. Immer waren es vier Soldaten, die mich bewachten. Ohne Seife, Shampoo, Zahnbürste oder die Kleidung zu wechseln, habe ich alles versucht, aus meiner Gefangenschaft das Beste zu machen. Doch mit der Zeit magerte ich sehr ab und sah fast aus wie ein wandelndes Skelett. Obwohl ich als die einzige Frau mit so vielen Männern unterwegs war, rührten sie mich nicht an. Eine Woche lang hatte ich so schwere Wunden an den Füßen, dass ich von vier Soldaten getragen werden musste.

Im Hauptlager

Endlich erreichten wir das Hauptlager und ich traf den Rebellenführer. Sie hatten mit der schweizerischen Regierung in Bern um mich verhandelt und ein Abkommen abgeschlossen. Doch so wie ich aussah, wollten sie mich nicht loslassen. Sie „mästeten" mich eine Woche lang und gaben mir viel zu essen. Der Anführer hatte in der Schweiz studiert und kannte sich mit unserer Neutralität aus. Trotzdem wollte er wissen, warum wir als Schweizer im Land geblieben waren, als alle anderen Missionare längst nach Hause gefahren waren. Ich bekam auch mit, dass er den Rebellen befohlen hat, alles zu tun, damit ich in einem guten Zustand im Hauptlager ankomme. Zum ersten Mal nach Monaten konnte ich wieder unter einem Dach schlafen. Das war etwas ganz Besonderes.

Mit Swissair nach Genf

Nach viel Hin und Her wurde ich über die Grenze in das

Nachbarland gebracht. Sie versprachen mir, dass dort ein Flugzeug warten und mich ins Ausland bringen würde. Es dauerte aber noch einige Tage und wir mussten nochmals weitergehen, um zum Flugzeug zu kommen. Ich war der Verzweiflung nahe und fragte mich, ob es je dazu kommen würde, dass mich ein Flugzeug abholen kommt. Doch endlich kam der langersehnte Flug. Ich war ganz alleine im Flugzeug, das mich nach Sambia brachte. Dort wurde ich eine Woche lang in einem Haus festgehalten. Ein weiteres Flugzeug brachte mich in den Senegal. Einer der Rebellen flog mit mir. Er kam auch mit, als ich zur schweizerischen Botschaft in Dakar ging. So konnte ich niemandem davon berichten, was mit mir passiert war. Durch Augenzwinkern nahm ich Kontakt mit einer Frau dort auf. Sie verstand, was los war. Ich bekam einen neuen Pass und ein Flugticket für einen Flug nach Genf. Aber ich war immer noch in den Händen von UNITA.

Im Wartebereich des Flughafens konnte ich immer noch nicht begreifen, dass ich jetzt in ein paar Stunden in meiner Heimat landen würde. Auf dem Flughafen in Genf wurde ich von Journalisten empfangen und musste sofort eine Pressekonferenz geben. Es war politisch sensibel, was immer ich auch sagen würde, aber Gott hat mir dabei geholfen.

Erst dann konnte ich meine Familie und Freunde wieder in die Arme schließen.

Ein neuer Auftrag

Die folgenden zwei Jahre war ich in der Schweiz. Doch dann bekam ich ein Angebot, eine ganz neue Arbeit unter Leprakranken in Guinea Conakry, West Afrika aufzubauen. Weil ich Erfahrung mit Leprakranken hatte, fragte mich die Missionsgesellschaft, ob ich nicht mit einem jungen Team diese Arbeit aufbauen wollte. Wir waren die einzige Missionsgesellschaft, die die Erlaubnis bekommen hatte, in diesem Land zu arbeiten. Zuerst lehnte ich ab, auch meine Freunde meinten, dass ich doch Gott auch in der Schweiz dienen könnte.

Doch Gott hat zu mir gesprochen. Und ich habe mich dieser neuen Aufgabe gestellt. Es war keine leichte Aufgabe. Ich glaube, wenn ich nicht diese Erfahrung als Geisel im Dschungel gehabt hätte, hätten wir es als Team nicht in Guinea ausgehalten. Es war uns fast unmöglich, unsere Arbeit dort auszuführen. Mehrmals wollte mein Team aufgeben, aber ich habe irgendwie gewusst, dass Gott uns diese „Tür" aufgemacht hatte. Ich blieb insgesamt 15 Jahre im Land, von denen die ersten vier Jahre eine schwere Prüfung für uns alle im Team waren.

Gott, ich vertraue dir!

Heute bin ich mehr als 80 Jahre alt und lebe in der Schweiz. Ich habe Angola und meinen alten Arbeitsplatz wieder besucht.

Gerne möchte ich noch einmal nach Guinea, um von diesem Land Abschied zu nehmen und um zu sehen, wie die Arbeit dort vorangeht.

Was mir bei all dem, was ich erlebt habe, am wichtigsten geworden ist, ist, dass man Gott immer vertrauen kann. Auch wenn man nicht alles versteht. Ich lebe mit dieser Aussage: „Gott, ich verstehe alles nicht, aber ich vertraue dir".

Gandhi Marinova

SEHNSUCHT NACH Jesus

Aufgewachsen in einem katholischen Elternhaus, hatte ich als kleines Mädchen eine kindliche „Beziehung“ zu Gott: „Ich bin klein, mein Herz mach rein, soll niemand drin wohnen als Jesus allein.“ Allerdings reichte das nicht mehr aus, als ich heranwuchs. Ich heiratete und war vier Jahre später wieder geschieden. Alle meine Träume waren zerstört und ich wandte mich vollends von der Kirche ab.

Ich wollte die Gesellschaft verändern

Von Beruf Sozialpädagogin, fing ich meine Suche nach „Erfüllung“, nach dem Sinn meines Lebens an; in linken politischen Kreisen, in entschiedenem Feminismus, in Demonstrationen aller Art. Ich wollte die Gesellschaft verändern. Mit ein paar anderen Frauen habe ich einen Naturkostladen eröffnet, meinen Beruf an den Nagel gehängt, um „natürlich und alternativ“ auf dem Land zu leben.

Ich wusste schon, dass es Gott gab, aber ich hatte keinen Zugang zu ihm. Nach außen war ich die starke „Emanze“, im Innern ein Häufchen Elend, verzweifelt, dass ich trotz meiner Anstrengung nichts Bleibendes in der Gesellschaft verändern konnte. Im Naturkostladen las ich Bücher über ein New-Age-Zentrum in Schottland. Mir wurde plötzlich klar, dass, bevor ich ein System verändern konnte, ich mich zuerst selbst verändern musste. Also ging ich sechs Monate nach Schottland: Selbstfindung, Selbsterlösung, Selbstverwirklichung, Meditation, Astrologie, Tarotkarten, Kontakte zu verschiedenen spirituellen Strömungen.

Nach meiner Rückkehr startete ich mit einigen Gleichgesinnten ein ähnliches Werk im Allgäu. Wir hatten einen Buchverlag mit Versand und boten „Wochen für Interessierte“ an.

Was Esoterik anbetraf, gehörten wir 1983 zu den „Insidergruppen“ in Deutschland.

Tägliche Meditationen, Indianerrituale, Anthroposophie und Kontakte zur unsichtbaren Welt über ein Medium. Ich las viele Bücher über Hinduismus und verschiedene Gurus. Ich wollte zur „Erleuchtung“ kommen und glaubte an Reinkarnation, immer und immer wieder ein weiteres Leben zu bekommen.

Auf unbestimmte Zeit nach Indien

Während dieser Zeit breitete sich öfter in mir eine große Traurigkeit aus und zeitweise litt ich unter Depressionen. Obwohl ich mich so sehr bemühte, stellte ich fest: Ich konnte mich nicht selbst verändern. 1984 ging ich mit meinem Freund „auf unbestimmte Zeit“ nach Indien.

Ohne Impfungen, mit nur wenig Geld, auf der Suche. Wir starteten mit einem 3-monatigen Aufenthalt bei einem Guru, der von sich behauptete, dass er Gott sei.

Äußerlich hatte ich scheinbaren Frieden, aber innerlich war ich ein Scherbenhaufen und hatte viel Angst, keine Hoffnung, keine wirklichen Veränderungen. Ich wollte die Wahrheit, die Erfüllung, das Leben, irgendwie Gott.

Und dort im Ashram (Hinduistisches Kloster) bekam ich plötzlich Sehnsucht nach Jesus.

Wir suchten nach einem Buch über Jesus und wussten nicht, dass die Bibel DAS Buch über JESUS CHRISTUS ist.

Wir verließen den Ashram und fuhren nach Kalkutta, um neun Wochen im Sterbehaus von Mutter Theresa mitzuarbeiten. Das war ein weiterer Schritt auf Jesus zu. Ein großes Bild im Hausflur ihres Schwesternhauses zog mich immer wieder an: Jesus am Kreuz und die Frage: „Jesus, wie sehr liebst du mich?" „So sehr!" antwortete Jesus, breitete seine Arme aus und starb. Dort bekamen wir unsere erste Bibel. Wir wollten Gottes Willen tun und beteten zu diesem Gemisch aus Allah, Shiva, Buddha und Jesus.

Von der Liebe gehe ich nie mehr weg!

Nach sechs Monaten Indien gingen wir nach Bangladesch, weil wir glaubten, Gott wollte das so. Durch „göttlichen Zufall" landeten wir in einem Gottesdienst der Pfingstgemeinde in Dhaka. Und dort, während des Lobpreises, obwohl mir vieles so fremd vorkam, tauchte mich Gott in ein Meer seiner Liebe ein. Genau danach hatte ich mich immer gesehnt und danach hatte ich in den mehr als 10 Jahren gesucht und es nie gefunden: geliebt und angenommen zu werden. Noch nie hatte ich so ein Erlebnis!

Ich war überwältigt und aufgelöst in Tränen.

Ich wusste: Das ist JESUS! Er sieht mich und liebt MICH! Nach all der Suche: Ich bin im Hafen angekommen! Von der Liebe gehe ich nie mehr weg!

Das war meine Umkehr in die liebenden Arme JESU! Es war so real und einfach. Ich stellte fest, dass, wenn Gott gerecht ist, er einen Weg für uns Menschen schaffen musste, den jedes Kind und jeder Analphabet verstehen kann; sonst wäre er nicht gerecht. Und er hat das tatsächlich getan – gar nicht kompliziert! Wie wunderbar.

Ich bin so dankbar, dass es e i n e n lebendigen Gott gibt, der nicht auf das Äußere, sondern auf das Herz schaut, der das Verlorene sucht und in Weisheit, Liebe und Güte uns zu sich zieht.

Endlich leben mit Erfüllung!

Über Thailand, Malaysia und die Philippinen, mit Rucksäcken voller chinesischer Bibeln, sind wir nach China gelangt und nach 13 Monaten mit der transsibirischen Eisenbahn zurückgekommen nach Deutschland. Ich kann nur über die Größe und Güte Gottes staunen, was ER aus meinem Leben gemacht hat. Mein Leben gehört IHM und ich habe meine Entscheidung noch keinen Bruchteil einer Sekunde bereut!

Christa Egli

Wie kann man Gott kennenlernen?

Es ist möglich, Gott persönlich kennenzulernen. Zu allen Zeiten hat der Mensch versucht, Gott kennenzulernen, ihm näher zu kommen. Viele arbeiten hart daran, sich Gottes Gunst durch gute Taten zu verdienen. Wir haben Schwierigkeiten damit, zu glauben, dass es so einfach sein kann, wie es Gott selbst in seinem Wort im Johannesevangelium Kapitel 16, Vers 6 sagt: „Ich bin der Weg, die Wahrheit und das Leben. Niemand kommt zum Vater außer durch mich." (Jesus)

Jesus ist unsere einzige Chance, um überhaupt mit Gott in Kontakt zu kommen.

Er hat durch seinen Opfertod den Weg zu Gott freigemacht und uns eine Beziehung mit Gott, dem Vater, ermöglicht. Er zahlte für Ihre Schuld. Wenn Sie jemals Gott erreichen wollen, muss es auf Gottes Weise geschehen.

Sie müssen die Bezahlung, die Jesus für Ihre Sünden zahlte, akzeptieren.

Gottes Weg
Durch ein einfaches und ehrlich gemeintes Gebet entsteht der Kontakt mit Gott. Gott ist ein sehender und hörender Gott. Er weiß, wenn wir ihn ehrlich und aufrichtig suchen. Und er hat versprochen, darauf zu antworten.

Bitten Sie Jesus, Ihnen die Sünden zu vergeben, danken Sie ihm, dass er Ihnen die Sünden vergeben hat. Jetzt ist der Weg offen für Sie, jederzeit mit ihm Gemeinschaft zu haben.

Wie macht man es ganz praktisch?
Folgendes steht im Römerbrief Kap.10, Verse 9-10:

"Wenn du mit deinem Mund bekennst, dass Jesus der Herr ist, und wenn du in deinem Herzen glaubst, dass Gott ihn von den Toten auferweckt hat, wirst du gerettet werden. Denn durch den Glauben in deinem Herzen wirst du vor Gott gerecht, und durch das Bekenntnis deines Mundes wirst du gerettet."

Es geht darum, mit dem Herzen zu glauben und mit dem Mund zu bekennen. Die Bibel sagt, dass Sie durch den einfachen Glauben, dass Jesus Ihnen die Sünden vergeben hat und das Bekennen dieses Glaubens vor anderen, errettet werden. Wenn Sie Schwierigkeiten haben, ein Gebet zu formulieren, können Sie dieses aufgeschriebene Gebet zu Ihrem eigenen machen:

Jesus, ich komme zu dir, so wie ich bin.
Vergib mir alle meine Sünden.
Komm in mein Leben hinein.
Ich gebe mich voll und ganz in deine Hände.
Bestimme du über mein Leben.
Jesus, ich glaube, dass du für meine Sünden gestorben bist.
Ich glaube, du bist auferstanden und du lebst.
Danke, dass ich dir gehören darf und dass ich ab jetzt ein Kind Gottes sein darf.
Amen

Wenn Sie dieses Gebet ehrlich und aufrichtig gebetet haben, können Sie sicher sein, dass Sie ein Kind Gottes sind und dass alle Sünden vergeben sind. Gerne helfen wir Ihnen weiter auf dem Weg mit Gott. Schreiben Sie uns:

- Ich habe heute Jesus um Vergebung meiner Sünden gebeten und ihn in mein Leben eingeladen.

Datum ______________________________

Uhrzeit ______________________________

Ort ______________________________

• Gerne möchte ich Christen in meiner Umgebung kennenlernen

Name ___________________________________

Anschrift ___________________________________

____

Telefon Nr. ___________________________________

E-Mail-Adresse ___________________________________

Senden Sie die Nachricht an
Bible for the Nations
Aulkestr. 28
D-48734 Reken
Deutschland

Hier einige Tipps zu dem neuen Leben mit Jesus!

• Sprechen Sie mit Jesus so oft und so viel sie wollen.
• Suchen Sie christliche Freunde, die Sie unterstützen können.
• Erzählen Sie anderen von Ihrem Glauben an Jesus.
• Suchen Sie eine Kirche/Gemeinde, wo Sie Gottes Wort hören können, damit der Glaube wachsen kann.

Informieren Sie sich im Internet unter den angegebenen Adressen in dieser Bibel.

Nur noch etwas....Vergessen Sie nie – Jesus ist jetzt an Ihrer Seite, er verlässt Sie nie!

Artikel-Nr. 1769.35.000

Alles wird gut

Meine Oma – eine warmherzige und gläubige Frau

Ich bin seit mehr als 40 Jahren verheiratet, und wenn ich zurück schaue, dann weiß ich, dass das keine Selbstverständlichkeit ist. Es hätte auch alles ganz anders kommen können.

Ich bin als Einzelkind aufgewachsen. Meine Mutter war Kellnerin und mein Vater Bergmann auf einer Zeche in Essen im Ruhrgebiet. Sie waren beide noch sehr jung, als ich geboren wurde. Mein Vater arbeitete viel und meine Mutter war ständig auf Achse. Ich fühlte mich oft einsam und hatte den Wunsch, später einmal eine große Familie zu haben.

Aufgewachsen bin ich bei meiner Oma, die ein paar Häuser weiter in der gleichen Straße wohnte. Zu ihr ging ich nach der Schule und habe dort die meiste Zeit verbracht. Meine Oma war eine warmherzige und gläubige Frau. Sie las mir oft Geschichten aus der Bibel vor und betete mit mir. Ab und zu nahm sie mich mit in ihre kleine freie Gemeinde.

Ekkehart

Als ich zehn Jahre alt war, verbot mir meine Mutter, mit in die Kirche zu gehen, da ich einmal aus Angst gelogen hatte. Meine Eltern waren Atheisten. Danach hatte ich für ungefähr 25 Jahre keinen Kontakt mehr zu Christen bzw. christlichen Gemeinden.

Mit 14 Jahren begann ich eine Lehre als technische. Zeichnerin. Innerhalb dieser Lehrzeit arbeitete ich zwei Jahre auf Baustellen und war das einzige Mädchen am Arbeitsplatz. Ich liebte meinen Beruf und habe mich voll eingebracht.

Ekkehart und ich trafen uns in einem Tanzlokal, als ich 18 Jahre alt war. Ziemlich bald waren wir ein Paar. Zwei Jahre später heirateten wir standesamtlich. Für mich stand fest, dass diese Ehe bis an unser Lebensende halten würde, denn Treue, Liebe, Zuverlässigkeit usw. waren für mich eine Selbstverständlichkeit. An diesem Vorsatz hielt ich auch in schweren Zeiten fest, die auf mich zukommen sollten. Wir bekamen zwei süße Töchter und ich hörte auf, außerhalb des Hauses zu arbeiten.

„Ich weiß nicht, ob ich dich noch liebe"

Ekkehart war zum damaligen Zeitpunkt beim Bundesgrenzschutz stationiert. Bei den vielen Kollegen gab es immer etwas zu feiern, Geburtstage, Beförderungen, bestandene Prüfungen, Verlobungen usw. Er war immer seltener abends zuhause. Auch an Wochenenden war er oft unterwegs. Schon bald lebten wir in zwei verschiedenen Welten. Ekkehart hatte seine „Arbeit", ich hatte meine Kinder. In dieser Zeit lebte ich sehr isoliert. Er hatte das Auto und die Eltern und Schwiegereltern wohnten mehrere Autostunden von uns entfernt.

Dann kam der Satz, der meine kleine Welt erschütterte: „Ich weiß nicht, ob ich dich noch liebe." Ich stand unter Schock. Aus Angst vor einer Antwort stellte ich keine Fragen. Von da ab haben wir kaum noch miteinander gesprochen. Die Kinder haben von alle dem nichts mitbekommen. Wenn es mal laut und brenzlig wurde, habe ich ihren Vater in Schutz genommen und gesagt, dass er hart arbeiten muss.

Eine Bibel

Ich hatte niemanden, mit dem ich über unsere Situation sprechen konnte. Meine Eltern wollte ich nicht beunruhigen, meine Schwiegereltern stellten sich gegen mich, sie wollten ihren einzigen Sohn nicht verlieren. Geschwister hatten wir nicht, und die wenigen gemeinsamen Freunde hatten ihre eigenen Probleme.

Ich bekam ein Büchlein in die Hand über Sternkreiszeichen und Beziehungen und suchte darin zu finden, ob wir noch zusammen passen würden. Es tat mir nicht gut. Ich zerriss es und schmiss es fort.

Mit einem Mal hatte ich das große Verlangen, eine Bibel zu kaufen. Ich denke, es waren die Gebete meiner Oma in meiner Kindheit, die mir jetzt bewusst und zum Segen wurden. Jeden Abend nahm ich die Bibel und war erstaunt darüber, was ich las und wie sie meine Situation beschrieb und so aktuell war. Mit Farbstiften markierte ich für mich wichtige Aussagen, damit ich sie schneller wiederfand. Und doch war es eine harte Zeit für mich. Ich lag oft auf dem Fußboden, weinte und bat Gott um die Hilfe und Kraft für den nächsten Tag, die er mir versprochen hatte in Psalm 124,8: „Meine Hilfe kommt von dem Herrn, der Himmel und Erde gemacht hat."

Ich legte meinen Finger auf die Bibelstelle und sagte: „Hier, Herr, hast du es mir versprochen: Nimm Jesus als deinen Herrn an und vertraue ihm, dann wirst du gerettet und deine Angehörigen mit dir." (Apostelgeschichte 16,31)

„Alles wird gut“

Eines Tages hatte ich den Eindruck, als wenn Gott zu mir sagte: „Renate, alles wird gut. Deine Ehe kommt in Ordnung.“ Ich konnte nur sagen: „Danke Gott“, ohne dass ich in den nächsten Wochen eine Veränderung festgestellt hatte. Aber diese innerliche Zusage gab mir wieder Kraft, dran zu bleiben.

Gott hat mein Herz bewahrt und beschützt. Ich ließ es nicht zu, dass ich wütend und hasserfüllt wurde. Wenn ich merkte, dass die Liebe zu Ekkehart nachließ, bat ich den Gott der Liebe um seine Liebe. Die einzige Hilfe, die ich bekam, holte ich mir aus der Bibel, z.B. „Fürchte dich nicht, ich stehe dir bei! Hab keine Angst, ich bin dein Gott! Ich mache dich stark, ich helfe dir, ich schütze dich mit meiner siegreichen Hand....“ (Jes. 42,10-15).

Gott gab mir gute Impulse

Ich machte mit Gott einen Deal: Wenn Ekkehart sich wieder zu uns wenden würde, würde ich mich taufen lassen. Nach kurzer Zeit fand ich eine Freikirche, die eine Tauffeier angekündigt hatte. Es lief parallel. Ekkehart war wieder öfter zu Hause und ich versuchte, Vertrauen aufzubauen. Ich ließ mich taufen.

Die Töchter und mein Mann waren dabei, um Fotos zu machen.

Noch in derselben Woche wiederholte sich die Situation wie vor der Taufe. Ich fühlte mich ohnmächtig. Ich fing an, die Bibelstellen laut auszusprechen. Ich klammerte mich an Gottes Wort und biss mich daran fest, wie ein Frettchen am Hosenbein. Im Gebet „zerschlug“ ich die Mauer, die sich zwischen uns aufgebaut hatte. In meiner Verzweiflung war ich voller Autorität und Entschlossenheit. Gott gab mir weitere gute Impulse. Ich segnete alles, was mir unter die Hände kam: seine Socken, beim Bügeln seine Hemden, seinen Stuhl, sein Kopfkissen usw. Ekkehart sollte eingehüllt und umgeben sein von Gottes Gegenwart. Dann, als ich dachte, ich kann nicht mehr und ich will auch nicht mehr, kam Ekkehart nach Hause und sagte: „Es ist vorbei. Ich will das alles nicht mehr. Ich bleibe bei dir!"

Es war ein riesiges Fest voller Freude

Ohne große Emotionen habe ich mich entschlossen, ihm neu zu vertrauen. Wie immer half mir Gott dabei, mit seiner großen Liebe, Güte und Gnade. Trotz der permanenten Unsicherheit, in der ich über viele Jahre lebte, haben die Macht und Kraft der Worte Gottes mich bewahrt vor Alkohol, Drogen, Depression und eventuellen Klinikaufenthalten. Gott hat mich unbeschadet durch diese Zeit gebracht. In dieser Zeit machten wir uns selbständig und Ekkehart arbeitete zuhause. Nach weiteren drei Jahren ging die Saat auf. Ekkehart bat Gott: „Zeige mir deinen Weg." Wenige Wochen später ließen er und unsere beiden Töchter sich taufen. Es war ein riesiges Fest voller Freude. Unsere Ehe und unser Familienleben bekam eine Qualität wie nie zuvor.

Trucker Church

Vor zehn Jahren haben Ekkehart und ich mit einigen Freunden die Trucker Church ins Leben gerufen. Gemeinsam arbeiten wir für Menschen im Transportwesen, um ihnen dieselbe Chance einzuräumen, Gottes Hilfe zu erfahren. Mir ist es sehr wichtig, dass sie eine Bibel geschenkt bekommen. Unser gemeinsames Leben ist zu einem richtigen Abenteuer mit Jesus geworden. Seine großartige, lebensverändernde Hilfe zur Heilung und Wiederherstellung der Persönlichkeit, Beziehungen und Familien wünschen wir allen.

Gott sei Dank – für eine gläubige Oma, die Bibel, für einen lebendigen Gott und für Jesus, den Retter.
Ihm sei alle Ehre!

www.trucker-church.org

Renate

Ich war ganz sicher, dass es EINEN GOTT GIBT

Meine Familie bekannte sich zum Islam, und mit diesem Glauben bin ich groß geworden. Mein Vater kommt aus der Türkei, meine Mutter ist Deutsche. Schon als kleines Mädchen nahm ich alles, was mit Religion zu tun hatte, sehr ernst. Ich war ganz sicher, dass es einen Gott gibt, trotzdem hatte ich beim Beten immer das Gefühl, dass er sehr weit weg sein musste.

Als ich noch ziemlich klein war, lernte ich, Arabisch zu lesen und besondere arabische Gebete zu beten. Meine türkische Großmutter, die bei uns wohnte, unterrichtete mich darin.

Aber mit der Zeit, als ich größer wurde, wuchs ein Gefühl von Unzufriedenheit und Leere in mir. Das führte dazu, dass ich anfing, mich mit Okkultismus zu beschäftigen. Besonders parapsychologische Phänomene interessierten mich.

Teufelstanz

Dann war da noch dieser Film, den ich gesehen hatte, als ich ungefähr sechs Jahre alt war. Er hinterließ in meiner Kinderseele tiefe Spuren. Der Film hieß Teufelstanz. Er führte dazu, dass ich regelrechte Angstattacken bekam. Oft in der Nacht kam diese Angst und Panik über mich. Ich sah innerlich furchtbare Bilder, bekam Schweißausbrüche und war wie gelähmt vor lauter Angst. Diese Furcht plagte mich, bis ich 16 war. Tragischerweise verschwand sie auch dann nicht völlig, sondern ging in Zukunftsangst über.

Ich befürchtete, dasselbe Leben leben zu müssen, das ich meine Eltern leben sah. Da meine Angstattacken nicht besser wurden, ließ ich mir von einem Arzt Beruhigungstabletten verschreiben. Dadurch veränderte ich mich und wurde sehr aggressiv. Jede Nacht dauerte es vier bis fünf Stunden, bevor ich einschlafen konnte.

Ich dachte viel darüber nach, was eigentlich der Sinn des Lebens ist. Ich wollte einfach nicht glauben, dass der Sinn darin bestand, eine Ausbildung zu machen, zu heiraten und Kinder zu bekommen! Ich spürte in meinem Inneren, dass da einfach noch mehr sein musste, etwas, das mich wirklich befriedigen würde.

Ich war stark berührt

Von außen besehen war mein Leben in Ordnung. Ich hatte ja alles, was man sich nur wünschen konnte. Meine Eltern liebten mich, ich war mit einem netten Jungen zusammen und hatte außerdem viele Freunde. Trotzdem war ich nicht mit meinem Leben zufrieden.

Das alles führte dazu, dass ich mein Herz bei Gott ausschüttete. Ich sagte ihm einfach gerade heraus, wie ich mich fühlte. Ich begann mich auch zu fragen, wer Jesus eigentlich ist. Weil ich selbst keine konkrete Antwort hatte, fing ich an, alle möglichen Leute danach zu fragen. Aber ich traf niemanden, der mir richtig erklären konnte, wer Jesus eigentlich ist.

Einmal sah ich in der Fußgängerzone, wie ein Open-Air-Gottesdienst gefeiert wurde. Mehrere Leute gingen ans Mikrofon und erzählten von Jesus. Während ich dastand und zuhörte, wusste ich einfach: Genau das ist es, was mir fehlt. Ich war so stark von dem berührt, was ich da von Jesus hörte, dass ich mich stehenden Fußes entschied, ihn in mein Leben einzuladen.

Ich traute mich nicht, in eine Kirche zu gehen

Es sollte dann ein halbes Jahr dauern, bis ich mich in eine Kirche hineinwagte. Ich hatte Angst davor, wie es mir als Muslimin wohl ergehen würde, wenn ich mich entschied, Christin zu werden. Ich ging zu einem Jugendgottesdienst. Dort war alles ganz anders, als ich es mir vorgestellt hatte. Die Leute beteten völlig anders zu Gott, als ich es gelernt hatte. Einer meiner ersten Gedanken war: Entweder spinnen hier alle, oder ich selbst bin verrückt! Außerdem hatte ich Angst, dass jemand von meinen Freunden erfahren könnte, dass ich dort gewesen war.

Aber die Liebe, die diese Menschen ausstrahlten, fehlte mir. Darum sagte ich zu Jesus: „Wenn es dich wirklich, wirklich gibt, dann sprich hier und heute zu mir und tu was, damit ich merke, dass du da bist."

Jede Nacht dauerte es vier bis fünf Stunden, bevor ich einschlafen konnte.

Es passierte nichts Besonderes. Nach dem Gottesdienst nahm ich also meine Tasche und wollte gehen. Plötzlich kam ein Mann auf mich zu. Er sagte, dass er das Gefühl hatte, dass Gott mir etwas sagen wollte und ob er für mich beten dürfte. ,,O.K.", dachte ich.

Eine Sturzflut von Tränen

Als er seine Hand auf mich legte und anfing, für mich zu beten, durchströmte mich plötzlich eine mächtige Kraft, und ich spürte eine unglaubliche Liebe. Ich fühlte: Jetzt nahm Gott mich selbst in seine Arme. Völlig überwältigt und mit zitternden Knien stand ich da.

Dann sagte dieser Mann mehrere Dinge, die bis ins Detail mit meinem Leben übereinstimmten. Da brach plötzlich eine Sturzflut von Tränen aus mir hervor. Es war, als ob ich all den Schmerz aus mir herausweinen musste, den ich nach den Jahren des Suchens und der Unsicherheit in mir trug.

Als ich nach dem Jugendgottesdienst und diesem Erlebnis nach Hause ging, kam es mir so vor, als ob alles um mich herum verändert war. Die Straßen und die ganze Umgebung erschienen mir schöner. Alles war anders. In mir war Freude, dass es nur so sprudelte, und ich spürte, dass etwas ganz Neues begonnen hatte. Die Angst, die mich ständig verfolgt hatte, war verschwunden.

Mama, Jesus lebt!

Das Erste, was ich zu meiner Mutter sagte, als ich zur Tür hereinkam, war: „Mama, Jesus lebt! Er hat mit mir geredet!" Und zu meinem Vater sagte ich: „Papa, jetzt bin ich Christin, denn ich habe Jesus kennen gelernt." Wenn ich mit meinen Freunden zusammen war, redete ich die meiste Zeit von Jesus. Natürlich fragten sie sich, was eigentlich mit mir passiert war, denn niemand konnte diese neue Yasemin wiedererkennen. Aber in mir wusste ich einfach: Das ist es, wonach ich das ganze Leben gesucht habe und was jeder Mensch braucht: Jesus Christus! Ich war so glücklich über das, was ich erlebt hatte, dass ich mich entschied, diese neue Beziehung zu Jesus niemals aufs Spiel zu setzen.

Der schmale Weg

Nach meiner Entscheidung, Christ zu werden und Jesus zu folgen, wurde mein Leben natürlich nicht einfacher, aber viel erfüllter. Ich habe seitdem einiges mitgemacht, aber auch erlebt, dass Gott mir ganz konkret geholfen hat. Das Kostbarste und Erfüllendste ist für mich, eine richtige Beziehung zu ihm zu haben und zu wissen, dass er mich besser kennt als ich mich selbst und immer bei mir ist.

Es war oft nicht einfach, den Weg mit Gott zu gehen, weil viele Menschen einen nicht verstehen können, aber es lohnt sich immer! Inzwischen glaubt meine ganze Familie an Jesus, was für mich ein sehr großes Wunder ist. Doch dafür ist Jesus ja bekannt. Ich liebe ihn einfach!

Es gibt einen schmalen Weg und einen breiten Weg. Die Herausforderung ist, den schmalen Weg zu gehen, also Gottes Weg für uns zu folgen!

Yasmin

Victoria

– MEIN KLEINER SIEG

Ein gutes Zuhause

Ich bin in einem liebevollen, christlichen Elternhaus aufgewachsen. Meine kleine Schwester und ich hatten es in unserer Kindheit richtig gut. Schon mit drei Jahren habe ich zu Jesus gebetet und ihn in mein Herz eingeladen. Ich hatte viele Freunde, weil ich ein fröhliches und positives Kind war. Schon früh habe ich mit den Schwachen gefühlt und sie in der Schule in Schutz genommen.

Cool und frech

Als Teenie kam ich in eine schwierige Phase. Aus dem lieben, gläubigen Kind, das an Gott glaubte, wurde ein freches Mädchen, das alles in Frage stellte - auch den Glauben an Gott. In der Schule fingen meine Klassenkameraden an, Alkohol zu trinken, zu rauchen und sich mit Jungs zu treffen. Ich wollte kein Außenseiter sein, also machte ich mit. Ich suchte mir neue Freunde und zwar die, die am frechsten waren und ihre eigenen Wege gingen. Diese „neuen Freunde" bestimmten die neuen Grenzen für mein Leben. Ich beschloss, Gott außen vor zu lassen, damit auch für mich alles erlaubt sei. Zu Hause versuchte ich immer noch ein wenig, das brave Mädchen vorzuzeigen. In der Schule war ich als ein vergnügtes Partymädchen bekannt.

Schlussendlich hatte ich Schwierigkeiten herauszufinden, wer ich eigentlich war. Ich war wie zwei verschiedene Personen und versuchte die Maske, die ich nach außen trug, perfekt aussehen zu lassen. Aber innerlich war ich am zerbrechen und total durcheinander.

Haschisch

Um mich entspannen zu können, habe ich zu diesem Zeitpunkt angefangen, Haschisch zu rauchen. Dabei hatte ich das Gefühl, dass alles o.k. ist. Aber sobald der Rausch nachließ, gab es immer häufiger ein deprimiertes Gefühl.

Während eines Freizeitcamps hatte ich ein erschreckendes Erlebnis. Ich sah einen Ring aus Totenköpfen. Ich war wie versteinert und zu Tode erschrocken und dachte, dass ich eine Psychose bekommen hätte. Ich bat dann jemanden, für mich zu beten. Während des Gebets verschwanden die Totenköpfe. Der Schreck und die Angst aber blieben. Von da an rauchte ich kein Haschisch mehr. Jetzt bekam ich meine Kicks dadurch, dass ich mit Jungs zusammen kam.

„Sex war für uns fast wie eine Droge."

Ja, du bist schwanger!

In der neunten Klasse traf ich den Jungen, der der Vater meines Kindes wurde. Wir waren wie im siebten Himmel. Sex war für uns fast wie eine Droge. Aber innerlich kam ich nicht zur Ruhe, irgendwie hatte ich das irritierende Gefühl, dass das alles nicht richtig war. Ich redete mir ein, dass es o.k. sei, weil alle das so machten. Auch in den Medien sprach man damals davon, dass das christliche Verständnis von Sex altmodisch und prüde sei.

Verhütungsmittel waren auch nicht so wichtig, weil ich dachte, ich werde sowieso nicht schwanger. Das passiert immer nur Anderen. Trotzdem hatte ich Angst, als meine Tage ausblieben. Schnell kaufte ich mir einen Schwangerschaftstest. Ich war erleichtert, als er negativ war. Aber die Menstruation blieb trotzdem aus.

Zusammen mit einer Freundin ging ich zur Frauenärztin. Das Wartezimmer war voller schreiender Kleinkinder. Die Schwester machte einen erneuten Schwangerschaftstest und bat mich, ein paar Minuten zu warten. Dann rief sie mich zum Schalter und schrie fast genau so laut: „Ja, du bist schwanger."

Abtreibung

Ich rannte aus dem Wartezimmer an die frische Luft. Mein erster Gedanke war: „Dann werde ich ja Mutter!" Aber schnell tauchten ganz neue Gedanken auf. Ich dachte über meine Möglichkeiten nach und als ich zurückging, um die Ärztin zu sprechen, war mir klar, dass eine Abtreibung wahrscheinlich am Einfachsten sei. Trotzdem hatte ich den Mut sie zu fragen, was es für mich bedeuten würde, wenn ich das Kind doch behalten würde. Die Frauenärztin guckte mich ein wenig fragend an und sie wollte gerne meine Mutter sprechen. Obwohl ich mein Leben lang immer gegen Abtreibung gewesen war, war ich in diesem Moment hin und her gerissen. Ich wusste nicht mehr, was ich wollte.

„Ich musste eine Entscheidung treffen."

Als ich meine Mutter anrief, konnte ich die Botschaft nicht besser „verpacken", so sagte ich einfach: „Mama, ich bin schwanger, du musst mit mir zum Frauenarzt kommen!"

Meiner Mutter wurde schwindelig und sie sagte nicht viel, aber versuchte mich zu beruhigen. Als mein Vater die Nachricht erhielt, ging er einfach raus, um alleine zu sein.

Meine kleine Schwester war sehr traurig über meine Lage, aber freute sich gleichzeitig auf das Baby.

Eine schwierige Entscheidung

Als ich in die Schule zurückkam, wartete mein Freund auf mich. Ich nickte ihm zu und er verstand sofort. Ich hatte keine Kraft zum Reden und so ging ich einfach fort. Er kam hinterher und versicherte mir, dass er mir helfen und beistehen würde, egal wie ich mich entscheiden werde. Er meinte aber, dass es wohl am besten wäre, wenn ich abtreiben würde.

Ich fühlte mich so unwahrscheinlich einsam, weil mir klar war, dass ich diese schwere Entscheidung alleine treffen musste.

Ich weinte die ganze Nacht

Die Zeit, die nun folgte, war sehr schwer. Mir war bewusst, dass ich nicht alle Zeit der Welt hatte, um diese Entscheidung zu treffen. Zum ersten Mal nach langer Zeit weinte ich. Ich weinte die ganze Nacht und fühlte mich so hilflos. Ich wusste, dass die meisten meiner Freunde und Bekannten der Meinung waren, dass ich abtreiben sollte. Aber ich war mir nicht so sicher. Ich nahm mir frei von der Schule und verbrachte einige Tage im Bett. An einem Tag kam meine Mutter in mein Zimmer und sagte: „Glaubst du nicht, dass du das Kind doch behalten willst, weil du dich nicht für eine Abtreibung entschließen kannst?“ Ich wollte überhaupt keine Entscheidung treffen, aber in meiner Situation hatte ich keine Wahl. Ich musste eine Entscheidung treffen. Würde ich zukünftig noch Kinder anschauen können, in der Gewissheit, dass ich mich gegen mein eigenes Kind entschieden habe? Ich könnte diese schwierige Entscheidung niemals wieder rückgängig machen. Ich würde für immer mit den Konsequenzen meiner Entscheidung leben müssen.

Gott kann alles vergeben!

Ich hatte ganz bewusst Gott aus meinem Leben ausgelassen. Jetzt hatte ich aber seine Hilfe nötig. Ich war mir sicher, dass er mir helfen konnte. Also betete ich Folgendes: „Gott, vergib mir, dass ich dich in meinem Leben total vergessen habe! Hilf mir bitte bei dieser Entscheidung, die ich treffen muss. Ich kann ein Leben nicht abbrechen, das kann ich einfach nicht! Wenn du denkst, dass ich es schaffen werde, dann lass mich das Kind behalten; wenn nicht, lass es zu, dass ich es auf eine natürliche Art und Weise verliere. Ansonsten lass es ein gesundes und fröhliches Kind werden und lass es eine gute Geburt werden. Amen.“ Ich fühlte Gottes Nähe. Mir war klar, er hatte mir vergeben. Gott kann alles vergeben – auch eine Abtreibung. Ich fühlte einfach, dass sein Segen auf dieser Entscheidung, die ich gerade getroffen hatte, ruhte.

Victoria – mein kleiner Sieg!

Als ich in der Schwangerschaft Blutungen bekam, war ich

außer mir vor Schreck und Angst. Ich habe Gott angefleht, das Kind zu beschützen. Zum Glück war es nichts ernsthaftes, dem Kind ging es gut. Innerlich wurde ich nach diesem Erlebnis in meinem Beschluss gestärkt. Ein paar Monate später, kurz vor dem Geburtstermin, war ich innerlich unruhig. Die Bibel sagt aber, dass Gott uns nicht etwas auferlegt, was wir nicht schaffen werden. Diese Worte waren mir in den letzten Schwangerschaftswochen eine große Hilfe.

Eines frühen Morgens platzte die Fruchtblase. Bald hatte ich Wehen im 3-Minuten-Abstand. Insgesamt hatte ich drei Stunden starke Wehen, dann kam sie: Victoria – mein kleiner Sieg! Mit ihr in meinen Armen - das war alles andere als eine Niederlage!

Ich werde anders mit Sex umgehen!

Die darauffolgenden zwei Jahre wohnte ich zu Hause bei meinen Eltern. Natürlich war die erste Zeit recht hart: Wenig Schlaf, stillen, Windeln wechseln. Mein Freund wohnte in der Nähe. Als Victoria zwei Jahre wurde, haben wir Schluss gemacht. Wir sind aber immer noch gute Freunde. Oft nimmt er Victoria und kümmert sich um sie. Weil ich viel Unterstützung bekam, schaffte ich es weiter zu studieren.

Victoria und ich wohnen jetzt zusammen mit unserer Katze Oscar in einer eigenen Wohnung. Ich habe ganz neue Freunde bekommen. Sie sind aus der Kirche, zu der ich jetzt gehöre. Ich habe sogar in der Kirche die Aufgabe bekommen, mich um Teenager zu kümmern.

Mein Verhältnis zum Sex hat sich radikal verändert. Ich werde mit Sex warten, bis ich heirate. Sex hat mein Leben echt kompliziert gemacht. Ich hatte eigentlich keine Zeit, mich selber zu finden und herauszufinden, wo meine Grenzen sind, bevor es losging. In der Zukunft will ich es vermeiden, über meine Grenzen hinauszugehen.

Ich kann Gott vertrauen!

Manchmal ist es gar nicht so einfach, Mutter zu sein. Gott hat aber sein Versprechen gehalten! Die Lasten sind nicht größer, als ich sie tragen kann. Ich weiß, ich kann Gott vertrauen! Er hat aus einer so schwierigen und angstvollen Situation eine phantastische und lebensbejahende Situation gemacht. Der Gedanke, dass es Victoria nicht geben könnte, ist für mich heute total undenkbar. Wenn du dich in einer ähnlichen Situation befindest, will ich dir nur sagen: Sei dir selbst treu, nicht was andere Menschen denken und meinen, ist wichtig. Du bist diejenige, die mit den Konsequenzen deiner Entscheidung leben muss.

Sine

Vater unser

Vater unser im Himmel,
geheiligt werde dein Name.
Dein Reich komme.
Dein Wille geschehe,
wie im Himmel, so auf Erden.
Unser tägliches Brot gib uns heute.
Und vergib uns unsere Schuld,
wie auch wir vergeben unseren
Schuldigern.
Und führe uns nicht in Versuchung,
sondern erlöse uns von dem Bösen.
Denn dein ist das Reich und die Kraft
und die Herrlichkeit in Ewigkeit.
Amen

Befreie mich von Depressionen

Ich bin in totaler Finsternis und habe furchtbare Ängste.
Danke Jesus, dass du mir hilfst, aus diesem tiefen Tal der Depression herauszukommen.
Befrei mich von meinen schweren Fesseln.
Jesus, ich will leben! Du bist Licht, in dir ist keine Finsternis.
Nimm meine Hand, leite mich aus diesem finsteren Tal heraus.
Führe mich heraus, hinein in befreites Gebiet.
Stelle meine Füße auf einen Fels.
Reinige mein Herz und meine Gedanken von aller Sünde und Dunkelheit.
Reinige das Haus meiner Seele.
Danke Jesus – dass du mir hilfst!

Danke für unsere Kinder

Jesus, danke für unsere Kinder.
Hilf uns, sie richtig zu erziehen, zu Respekt
und Liebe für alle Menschen.
Gib uns Geduld und Ausdauer mit unseren Kindern.
Lass uns immer eine tiefe Beziehung zu den Kindern
haben.
Dass sie sich immer geliebt wissen.
Hilf uns, unseren Kindern zu vergeben, wo sie sich gegen
uns aufgelehnt haben.
Hilf auch uns, um Vergebung zu bitten, wo es nötig ist.
Danke Jesus.

ICH HATTE BESCHLOSSEN, DASS MEINE VERGANGENHEIT NICHT MEINE ZUKUNFT BESTIMMEN SOLLTE

Fünf Jahre lang Albtraum

Anfang der achtziger Jahre haben meine Eltern sich getrennt. Ich war damals zehn Jahre alt.

Das war für mich irgendwie in Ordnung, weil meine Eltern sich dauernd in den Haaren hatten. Für mich stand fest, dass ich bei meiner Mutter wohnen wollte. Doch mein Vater hatte entschieden, dass ich bei ihm bleiben sollte. Niemand sagte mir damals, dass man auch als Kind seine Wünsche äußern darf. Meine Mutter kämpfte fünf Jahre lang um mich, aber vergebens. In dem Jahr, in dem ich 12 wurde, haben meine älteren Geschwister das Haus verlassen. Damit begann für mich ein fünf Jahre langer Albtraum. Mein Vater begann mich sexuell zu missbrauchen. Je älter ich wurde, desto schlimmer wurden die Übergriffe. Ich hatte furchtbare Angst. Ich wusste, dass mein Onkel seine Freundin umgebracht hatte und ich dachte, mein Vater sei in der Lage, dasselbe zu tun, also schwieg ich. Ich wurde wie eine verschlossene Muschel.

Die Übergriffe wurden nur noch schlimmer

Mein einziger Hoffnungsschimmer in dieser Situation war mein Glaube an Gott. In der Sonntagschule hatte ich von Gott gehört, dass er helfen kann. Ich habe daran geglaubt, dass es auch für mich ein ganz anderes Leben gab. Also habe ich zu Gott um Hilfe geschrien.

Nach der neunten Klasse begann ich eine Lehre als Friseurin. Ich lebte immer noch mit den Übergriffen. Eines Tages sagte ich zu mir selber: „In einem halben Jahr lebe ich nicht mehr, ich kann das nicht länger ertragen". Während dieser Zeit hat meine Schwester irgendwie gemerkt, das Zuhause etwas nicht stimmte. Sie hat sich ernsthaft Sorgen um mich gemacht. Zwei Wochen vor meinem 17. Geburtstag sprach sie mit einer Freundin über ihre Vermutungen. Maggie war eine junge Frau, die gerade zum Glauben an Jesus gekommen war.

Irgendwie war sie fest davon überzeugt, dass Jesus ihr sagte, sie sollte mich aus der Situation rausholen. Sie fuhr 300 km, um mich mitzunehmen. Als sie mich fand, nahm sie mich einfach mit. Einfach so! Sie brachte mich zu ihr nach Hause. Ich hatte ganz weiche Knie, war voller Furcht, als ich aus meinem Gefängnis floh.

Der Anfang der Befreiung

Zehn Wochen wohnte ich bei Maggie. Sie war Hausfrau und verbrachte viel Zeit mit mir. Das setzte den Prozess der inneren Befreiung in mir in Gang. Sie hatte eine fantastische Art, mir die Bibel nahezubringen, besonders das, was die Bibel über Vergebung sagt. Auch die Versprechen, die in der Bibel stehen, hat sie für mich begreifbar gemacht, so dass ich es auch für mein eigenes Leben annehmen konnte. Am Anfang hatte ich überhaupt keine Kraft, irgendetwas zu tun oder zu lesen. Sie hat mir einfach die ermutigenden Worte aus der Bibel erzählt und vorgelesen. Sie sagte mir auch, dass ich meinem Vater vergeben müsste, um selber frei zu werden. Sie sagte es so, dass ich es verstehen und annehmen konnte. Das wurde ein wichtiger Schlüssel für die Wiederherstellung meiner Seele. Maggie gab mir all die Zeit, die ich brauchte, sie war Tag und Nacht an meiner Seite.

Gerichtsverhandlungen

Nach zehn Wochen durfte ich zu meiner Mutter ziehen. In der neuen Stadt besuchte ich eine Kirche. Dort bekam ich ganz neue Freunde. Die ganze Atmosphäre in dieser Kirche war sehr heilend. Was mich am meisten gestärkt hat, waren aber die Predigten und die Auseinandersetzung mit der Bibel. In diesem Umfeld bekam ich die nötige Kraft, um die Schritte zu tun, die notwendig waren, damit es auch gerichtlich aufarbeitet wurde. Ich kontaktierte meinen Vater und machte ihm das Angebot, selber Hilfe zu suchen. Vier Monate wartete ich, aber nichts geschah. Dann ging meine Mutter zur Polizei und zeigte ihn an. Es verging ein ganzes Jahr bis es zur Gerichtsverhandlung kam. Ich bekam viel Hilfe durch einen sehr guten Anwalt. Die Verhandlungen fanden hinter verschlossenen Türen statt. Ich musste alles noch mal durchleben, als ich alle schmerzhaften Details erzählen musste. Diese Zeit erlebte ich wie in einem Nebel. Trotz allem habe ich gemerkt, dass Gott bei mir war und mir half. Mein Vater wurde zu drei Jahren Haft verurteilt. Ich verspürte meinem Vater gegenüber keinen Hass, ich war nur erleichtert, dass alles vorbei war.

Henric

Nun konnte ich weitergehen im Leben. Die nächsten Jahre waren wirklich gute Jahre. Ich hatte viele Freunde, war sehr aktiv und hatte in die Kirche eine schöne Gemeinschaft. Dann lernte ich Henric kennen. Wir haben geheiratet und endlichen schienen für mich die trüben Tage vorbei zu sein. Doch dann kam der Schlag: Henric bekam Krebs in der Bauchspeicheldrüse. Die Ärzte bereiteten alles vor, um ihm eine neue Leber einzupflanzen, aber während der OP stellten sie fest, dass sie nichts mehr für Henric tun konnten. Sie nähten ihn, ohne etwas zu tun, wieder zu und schickten ihn nach Hause. Jeden Tag wurde er vom Pflegepersonal versorgt. Die letzte Zeit zusammen mit Henric war sehr kurz. Nach nur drei Monaten starb er. Trotz allem wurden diese drei Monate, die beste Zeit, die wir zusammen hatten. Wir konzentrierten uns nur noch auf einander. Jeden neuen Tag zusammen haben wir als ein Geschenk angenommen. Henric war ein fantastischer Mensch. Als er starb, ist für mich viel zusammengebrochen. Er war nicht nur mein Mann, er war meine Familie geworden.

Ich wurde von meinen Gefühlen gesteuert

Ich habe keine Rente von meinem Mann erhalten, wir waren zu kurze Zeit verheiratet. Es gab kaum Zeit zum trauern. Ich musste zusehen, wie ich mit all meinen Aufgaben zurecht kam. Damals hatte ich ein eigenes Geschäft, das hieß: lange Arbeitstage. Auch für die Kirche hatte ich keine Zeit. Ich habe meine Freunde und die Gemeinschaft fast ganz verlassen. Ein halbes Jahr später, mit 26 Jahren, war ich ausgebrannt.

Das Jahr danach wurde sehr stürmisch, mit viel Selbstmitleid und Selbstbezogenheit. Ich wurde von meinen Gefühlen gesteuert. Schließlich begann ich neu Gott zu suchen. Ich wollte zurück zu meinen Wurzeln in Gott und begann auch für einen christlichen Ehemann zu bitten. Nicht lange danach traf ich Mats. Wir verliebten uns und wurden ein Paar. Nachdem wir geheiratet hatten, ließen die Kinder nicht lange auf sich warten. Nach ein paar Jahren waren wir zu viert.

Alltagsleben

Jetzt verlief mein Leben wie es in einer Familie mit Kindern üblich ist. Der Alltag holte uns ein. Irgendwann standen wir in der Gefahr vom Alltagsstress aufgefressen zu werden. Wir fingen an, uns über Kleinigkeiten zu streiten. Außerdem waren wir auch so unterschiedlich vom Wesen her. Das Einzige was so richtig klappte, war, dass wir zusammen beteten. Um uns herum fingen die Ehen unserer Freunde an zu bröckeln. Jemand sagte mir während dieser Zeit, ich sollte doch in erste Linie an mich selber denken und was für mich gut wäre. Doch innerlich war mir klar, dass Gott wollte, dass wir zusammen hielten und als Familie zusammen blieben. Mats und ich fassten dann einen Beschluss, nicht aufgrund unserer Gefühle, sondern aufgrund dessen, was die Bibel sagt: zu leben. Wir beschlossen Gott zu fragen, was er für Pläne für uns als Familie hat.

Österreich

Nicht lange danach öffnete sich für uns eine ganz neue Tür. Wir zogen nach Österreich, um in einer Kirche mitzuarbeiten. Mein Mann als Musiker und meine Aufgabe war es, mich um die Frauenarbeit zu kümmern. Wir verkauften alles, was wir hatten und fuhren einfach los.
Die Zeit in Österreich war für uns als Familie eine Wiederherstellungsphase. Wir durften viel lernen und an unserer Beziehung bauen. Ich hatte in meinen Leben schon so viel erlebt und manche Erfahrungen machten mir schwer zu schaffen. Meine Fähigkeit, einem Menschen ganz zu vertrauen, war in meiner Kindheit zerstört worden, weil mein eigener Vater mein Vertrauen total missbraucht hatte. Ich musste neu lernen, Menschen zu vertrauen oder wie die Bibel sagt: In meinem „Inneren erneuert werden", um meinem Mann neu zu vertrauen.

Während dieser Zeit wurde die Bibel zu einem richtigen Schatz. Die Versprechen, die Gott uns gegeben hat, wurden meine Quelle und Kraft zur Heilung; ein Fundament für mein Leben.

Mir war in dieser Zeit klar geworden, dass ich mein egoistisches Leben so nicht weiter leben konnte. Ich war nicht mehr das Zentrum. Ich musste an das Beste für meine Familie denken. Als ich das für mich entschieden hatte, bekam ich selber so viel Gutes zurück. Ich entschied für mein Leben, dass meine Vergangenheit nicht meine Zukunft bestimmen sollte!

In die Zukunft mit Geborgenheit im Rucksack

Als Familie sehen wir der Zukunft mit großer Spannung entgegen. Das Leben ist ein Abenteuer. Für uns steht fest, wir möchten gemeinsam der Zukunft begegnen.

Wenn du in deinem Leben sehr schwere Zeiten durchgemacht hast, möchte ich dir sagen, dass deine Zukunft fantastisch werden kann! Mach dasselbe, was ich tat: Wähle Gottes Weg für dein Leben. Er weiß, was am Besten für dein Leben ist und er verspricht dir, dich nie zu verlassen.

Lena

- *Lena lebt heute im Stockholm, wo sie in einer neu gegründeten Gemeinde/Kirche arbeitet.*

ICH MUSSTE MICH SELBER schneiden

Der Druck wurde so groß, dass ich irgendetwas brauchte, um damit umgehen zu können, sonst hätte ich gar nicht weiterleben können. Ich begann mich, ein wenig zu ritzen und dachte, vielleicht hilft ja das. Im ersten Moment war es gut, weil der Druck in mir etwas nachließ. Der Schmerz in mir drin war so stark, dass der Schmerz, den ich mir äußerlich zufügte gar nicht so schlimm war. Und trotzdem wurde es immer mehr. Ich musste mich immer mehr schneiden und so wurde es ganz normal. Ich musste es einfach machen.

Erwartungen von außen

Ich habe alles gegeben um Jemand zu sein. Aber bin an den Punkt gekommen, an dem ich sagen musste, mein Leben ist am Ende. Was habe ich nur für einen Sinn, was mache ich hier? In der Schule musste ich gut sein, damit ich meinen Lehrern gefallen konnte, damit ich eine gute Schülerin war und gute Noten brachte. Zusätzlich kamen natürlich alle Erwartungen von außen, von unserer Gesellschaft, als Frau schlank, sportlich, attraktiv sein zu müssen. Alle diese Sachen. Und ich strengte mich so an, aber es reichte einfach nicht ganz. Der Druck war so groß. Und so strengte ich mich natürlich noch mehr an, überall einfach noch ein wenig mehr.

Es durfte niemand merken

Ich überlegte mir das Leben zu nehmen, ich fühlte mich so leer. Äußerlich musste ich natürlich weiterhin meine Leistung bringen. Es durfte schließlich niemand merken, dass es mir nicht gut geht. Ich musste die gute Schülerin bleiben, die gute Freundin sein. Von mir erwartete man, dass ich nicht die gleichen Fehler mache, wie alle anderen. Aber so oft bildete ich mir selbst auch ein, dass alle um

mich herum die Erwartung an mich haben, nicht versagen zu dürfen. Der Druck wurde so groß, dass ich irgendetwas brauchte, um damit umgehen zu können, sonst hätte ich gar nicht weiterleben können.

Darum begann ich mich zu ritzen. Ich musste es einfach machen. Es war gar keine Frage, es gehörte ganz einfach zu mir. Es wurde wie zu einer Spirale, die mich immer mehr nach unten gezogen hat.

"Jetzt wo ich weiß, dass ich geliebt bin von Gott, kann ich mein Herz auch anderen Menschen gegenüber wieder öffnen."

Ich konnte einfach nicht mehr

Wieder einmal war ich in meinem Zimmer, lag am Boden, völlig fertig und am Ende. Ich musste mich wieder schneiden und war voller Blut, ganz schwarz vom verschmierten Make up und von meinen Tränen. Ich konnte einfach nicht mehr. So schrie zu Gott: „Gott, wenn es dich gibt, wenn es dich wirklich gibt, dann hilf mir!" In diesem Moment hörte ich diese Stimme in meinem Herzen, die sagte: „Alessandra, ich liebe dich!" Einfach nur diese vier Worte. Und ich konnte es nicht fassen.

„Alessandra, ich liebe dich!"

Ich hatte vorher alles gegeben, um geliebt zu werden und jetzt, völlig am Ende und nicht perfekt, sagte mir Gott, dass er mich liebt. Ich konnte es nicht glauben. Aber am nächsten Tag war es wieder dasselbe. Ich war am Ende, ich hatte mich geschnitten und wieder diese Worte: „Alessandra, ich liebe dich!"

Langsam kamen diese Worte in mein Herz und ich merkte, dass ich mich dafür entscheiden wollte, diesem Jesus nachzufolgen. Nicht weil ich musste, sondern weil er mich liebt. Mit einer Liebe, die mich völlig befreit und verändert. Jetzt wo ich weiß, dass ich geliebt bin von Gott, kann ich mein Herz auch anderen Menschen gegenüber wieder öffnen.

Wenn ich die Narben sehe

Ich darf leben, weil Gott mich befreit hat. Dieser Gott, der mich kennt, so wie ich bin und mich annimmt, mit all meinen Ecken und Kanten. Ich muss mich nicht mehr schneiden. Der Druck, mir Schmerzen zufügen zu müssen, ist nicht mehr da, weil ich weiß, dass ich geliebt bin. Wenn ich die Narben sehe, erinnere ich mich daran, dass Gott derjenige ist, der einen Menschen so völlig verändern kann wie mich.

Alessandra Stutz

Selbst verletzen

Jesus, du kennst den Schmerz, den ich innerlich fühle.
Meine Seele tut so weh!
Ich will mir einfach Schmerzen zufügen.
Eigentlich möchte ich das nicht, aber irgendetwas zwingt mich, das zu tun.
Jesus, mach mich frei von diesem Schmerz!
Vergib all meine Sünden.
Jesus, hilf mir denen zu vergeben, die mir Unrecht angetan haben.
Jesus, heile alle meine inneren Wunden.
Lass mich ein gesunder Mensch werden.
Jesus, mach mich frei von zwanghaften Gedanken.
Ich bete das im Namen Jesu.
Danke, dass du ganz tief in mir wirkst.
Jesus – danke, dass du mein Gebet hörst!
Amen.

Ich brauche Gott nicht

Tamara Thalmann

SNOWBOARD UNFALL

Ich hätte nie gedacht, dass ich einmal an Gott glauben würde. Ich dachte immer, das machen nur die Anderen und meinte, ich brauche Gott nicht. Durch einen Snowboard Unfall bekam ich ein Schleudertrauma. Ich hatte viele Schmerzen, vor allem Nacken- und Kopfschmerzen. Ich konnte mein Leben gar nicht mehr genießen. Alles drehte sich nur noch um die Schmerzen. Ich hatte viele Therapien und musste zwei Monate in eine Rehaklinik. Nichts half mir wirklich. Die Schmerzen blieben einfach da.

ICH BRAUCHE GOTT NICHT UND WILL AUCH NICHTS ÜBER IHN HÖREN

Die Mutter eines guten Freundes sagte mir immer wieder: „Gott kann heilen. Er kann auch dich heilen." Ich antwortete ihr immer: „Lass mich in Ruhe mit diesem Thema. Ich brauche Gott nicht und will auch nichts über ihn hören." Dann lud sie mich zu einem kirchlichen Seminar über Heilung ein. Ich bin einfach mitgegangen, damit sie endlich Ruhe gibt. Als wir dort angekommen waren, kam mir zunächst alles ganz komisch vor und ich fragte mich, in was für einem Verein ich hier gelanget bin. Irgendwann fing der Prediger an zu reden. Es war wirklich spannend und ich hörte ihm gerne zu. Dann sagte er: „Hier ist jemand mit Arthrose. Bitte komm nach vorne, um geheilt zu werden." Dieser Person ist es daraufhin sofort wieder gut gegangen und sie hatte keine Schmerzen mehr. Ich konnte das nicht glauben und dachte, dass diese Leute dafür bezahlt werden. Plötzlich sagte der Prediger: „Ich merke, da hinten ist jemand mit einem Schleudertrauma." Ich saß da und dachte: „Was geht denn jetzt ab?" Ich hatte ihn weder zuvor gesehen noch mit ihm geredet. Er wollte, dass ich nach vorne komme. Mir war das aber sehr peinlich und wollte erst nicht nach vorne gehen, bin schlussendlich aber doch gegangen. Er hat mich dann auch gar nicht angefasst, sondern mit den Fingern geschnippt und gesagt: „Du bist geheilt im Namen

Jesu". In dem Moment ist ein Gefühl wie ein Feuer in mich hineingeströmt. Er schaute mich an und fragte, ob es nun besser wäre. Ich sagte: „Noch nicht ganz." Er sagte mir, ich solle meinen Körper schütteln. Das habe ich dann auch getan und die Schmerzen waren von einem Moment auf den anderen einfach weg.

DEN ÄRZTEN SAGTE ICH, DASS ICH GEHEILT WORDEN WAR

Nach diesem Erlebnis wartete ich immer darauf, dass die Schmerzen zurückkommen würden. Ich dachte, sie müssten doch wieder kommen. Aber es blieb dabei, die Schmerzen waren weg. Das war genial. Einfach schmerzfrei zu sein. Als ich meinem Umfeld und den Ärzten sagte, dass ich geheilt worden war und dass es mir wieder gut gehe, konnten es viele nicht glauben. Sie schauten mich komisch an.

Ich ging dann auf die Suche nach diesem Gott. Ich wollte wissen: Wer hat mich geheilt? Wer ist dieser Gott? Am Anfang war es schwierig für mich. Ich wusste wirklich gar nichts über Gott.

JESUS GEGOOGELT

Ich bin ins Internet und habe nach Gott und Jesus gegoogelt. So bin ich auf die Homepage gottkennen.ch gestoßen und gab dort ein Gebetsanliegen ab. Eine Frau nahm Kontakt mit mir auf. Sie begleitete mich die erste Zeit im Glauben. Sie unterstütze mich und beantwortete all meine Fragen über Gott. Sie erzählte mir viele Beispiele aus ihrem Leben mit Gott, die mich wieder näher zu Gott gebracht haben. Es war einfach genial, von ihr diese Unterstützung bekommen zu haben. Ich kam an den Punkt in meinem Leben, an dem ich mich bewusst für Gott entscheiden wollte. Ich habe dann einem Freund meine Geschichte mit Gott erzählt. Er war begeistert und sagte mir:„Wow, das ist ja genial!" Endlich war da jemand, der mich verstand. Er sagte mir, er ginge in eine Kirche und ich solle doch mal mitkommen. So ging ich mit ihm in den Gottesdienst. Ich fühlte mich sehr willkommen. Ich merkte, die Leute dort sind echt, sind authentisch.

GOTT KANN HEILEN

Jede Predigt war genial und sprach mich und mein Leben voll an. Ich konnte immer etwas mitnehmen. Ich konnte Gott kennenlernen. Meine Familie und meine Freunde hatten am Anfang sehr Mühe damit, dass ich in eine Kirche ging und an Gott glaubte. Viele sagten mir: „Du bist in einer Sekte gelandet, das gibt's doch gar nicht, dass man in einer Kirche Spaß haben kann."

Ich war manchmal selbst verunsichert. Ich wusste nicht recht, ist das wirklich alles wahr? Aber ich habe mich immer wieder an den Moment erinnert und ich wusste: Ja, es ist wahr und ich bin wirklich geheilt! Dieses Gefühl war viel grösser als alles andere. Ich dachte immer, ich brauche Gott nicht in meinem Leben. Ich bin Gott so dankbar, dass ich ihn durch dieses Erlebnis kennenlernen und seine Liebe spüren durfte. Für nichts in dieser Welt würde ich meine Beziehung mit Gott wieder hergeben. Heute kann ich sagen: Gott kann heilen!

VERGEBUNG IST NICHT EINE *Gefühlssache* SONDERN EINE *Entscheidung*

Als ich erfahren habe, dass mein Mann eine Freundin hatte, kam ich in eine sehr große Krise, mir ging es sehr schlecht. Ich bin mit dieser Situation nicht zurecht gekommen, es war als würde mir Jemand ins Herz stechen. Ich dachte ich habe keinen Boden mehr unter meinen Füßen und ich kann nicht mehr leben. Ich habe zwei Wochen nicht geschlafen, mein Herz raste und ich dachte, bald wirst du verrückt werden. Ich konnte auch nichts mehr essen, bin abgemagert und wurde krank, Magen- und Darmgeschwüre. Ich war nur noch ein Häufchen Elend voll Sorgen, Angst und Selbstmitleid.

Diese Frau war so hartnäckig

Einerseits wollte ich nicht mehr leben, andererseits aber dachte ich mir: „Ist das alles, was mir mein Leben geboten hat? Eigentlich habe ich mir mein Leben ganz anders vorgestellt."

Dann hat mich Gott aber mit einer gläubigen Frau zusammen geführt. Sie hat mich in ein Missionswerk bei Villach eingeladen, ich aber hatte Bedenken und bin nicht mitgegangen. Aber diese Frau war so hartnäckig, sie kam bis zu dreimal in der Woche zu mir und hat mich eingeladen, oder sie brachte etwas zum Lesen und einige ermutigende Worte. Es war mir schon so unangenehm, denn jedes Mal, wenn es vormittags an der Tür klopfte, wusste ich, dass sie vor der Tür steht und ich musste wieder irgend eine Ausrede finden, warum ich nicht komme und dennoch habe ich ihr nicht gesagt, dass sie nicht mehr kommen soll. Im November war ein Filmabend im Missionshaus, wozu sie mich auch wieder einlud. Ich dachte mir, ein Film kann sicher nicht so gefährlich sein und habe zugesagt, mitzukommen.

Bei mir ist sicher keine Schuld

Als ich in das Missionshaus kam, fühlte ich mich sofort wohl und bin von diesem Tag an jeden Freitag zur Bibelstunde und Sonntags zum Gottesdienst hingefahren. Im März war dann ein Seminar über Beziehungen. Ich erkannte, dass ich mindestens genau so viel Schuld an dem Zustand, in dem ich mich befand habe, wie mein Mann. Bis zu diesem Zeitpunkt war ich überzeugt, dass nur mein Mann an allem schuld war, bei mir ist sicher keine Schuld und plötzlich war ich nicht mehr die gute, brave Johanna. Ich war erschüttert über diese Erkenntnis, so dass ich weinen musste und ich dachte mir beim nach Hause fahren: „Jetzt ist wieder alles zusammengebrochen und ich stehe wieder vor einem großen Nichts, wie soll es weitergehen?“

Tränen der Befreiung

In meinem Herzen wusste ich aber, dass mir nur Jesus helfen kann und so habe ich diesen Schritt gewagt. Ich habe mich zu Hause im Wohnzimmer niedergekniet und sprach zu Jesus : "Jesus ich brauche dich, ich schaffe es nicht allein, bitte komme du in mein Leben und werde Herr meines Lebens, ich übergebe dir meine Vergangenheit und ich gebe dir auch meine Zukunft.“ Und dieser wunderbare Jesus ist gekommen, hat mich eingehüllt in seiner Liebe. Ich habe sehr lange gekniet und geweint, aber es waren nicht mehr die Tränen des Selbstmitleides, die so schmerzhaft waren und die so fertig machen, es waren Tränen der Befreiung. Ich fühlte, wie eine schwere Last von mir abfiel und ich mich frei fühlte.

Dieser Tag wird ein schöner Tag

Am nächsten Morgen, als ich aufwachte, wusste ich, Gott hat ein Wunder in meinem Leben gemacht, ich wusste nämlich, dass Jesus bei mir ist und dass dies ein schöner Tag wird.

Bis dahin war es immer so: Wenn ich aufwachte, hatte ich das Gefühl, dass die Sorgen, Angst, Verzweiflung und Hoffnungslosigkeit, alles, was mein Leben ausgemacht hat, warteten, bis ich aufgewacht war und mich dann angriffen. Der Tag war schon am Morgen trost- und sinnlos. Dieses Gefühl war weg und ich wusste, dieser Tag wird ein schöner Tag, weil Jesus bei mir ist, und so war es auch. Ich begann wieder zu singen und zu lachen, was ich schon jahrelang nicht mehr tat und ich konnte ganz langsam wieder feste Speisen essen.

Jesus hat mich an Körper, Seele und Geist völlig geheilt.

Einen kleinen Liebesbrief

Mein Mann hat auch an mir diese Veränderung gesehen und war sehr verwundert. Er hat mich immer gefragt, was ich gehört habe und ich habe ihm die Bibelstellen gesagt, über die im den Gottesdienst gesprochen worden ist. Erwin hat nach zwei Monaten Jesus als seinen Herrn in sein Leben aufgenommen und ist ein Kind Gottes geworden. Da hat Gott wieder ein Wunder getan und uns eine neue Liebe und Vergebung geschenkt. Ich war so verwundert, dass es möglich ist, einen Menschen, der mir so viel Leid zugefügt hat, so zu lieben, aber es ist so. Bei Gott sind alle Dinge möglich, was mit Verstand und vom Natürlichen her nicht möglich ist, macht Gott möglich.

Erwin hat es mir wohl auch sehr leicht gemacht, er ist immer wieder gekommen und hat mich in die Arme genommen und mir gesagt, wie sehr er mich liebt. Wenn ich einmal am Abend nicht zu Hause war, oder vor ihm schlafen gegangen bin, habe ich in der Früh einen kleinen Liebesbrief gefunden, öfters sogar in der Kaffeedose.

Ich begann für sie zu beten

Ich habe dann Erbarmen und Mitleid mit der ehemaligen Freundin von Erwin bekommen. Ich dachte mir, für sie ist nun eine Beziehung zu Ende gegangen, wie wird sie damit fertig? Sie war ein ganz junges Mädchen, gleich alt wie unser Sohn. Ich begann für sie zu beten und bekam den Eindruck, ich soll ihr einen Brief schreiben. Ich erzählte es Erwin und er sagte ja. So habe ich ihr geschrieben, was Gott Wunderbares in meinen Leben und in unserer Familie getan hat, und dass ich für sie bete, dass auch sie den richtigen Partner findet und eine Ehe mit Jesus in der Mitte führen kann. Ich gab noch das Buch "Jesus unser Schicksal" dem Brief bei und dachte, nun ist alles erledigt. Doch eines Tages kam ein Brief mit der Mitteilung, dass die Großmutter dieses Mädchens gestorben ist und als ich das gelesen habe, dachte ich mir: „Hoffentlich will Erwin nicht, dass ich mit ihm zur Beerdigung gehe, denn begegnen will ich dem Mädchen eigentlich nicht." Im selben Augenblick hat auch der Heilige Geist geredet und mir gezeigt, dass da etwas in meinem Herzen nicht stimmt, dass ich nicht wirklich vergeben, sondern nur zugedeckt habe.

Nun bin ich wirklich frei

Ich war sehr erschrocken, denn ich kannte schon ein wenig die Bibel und wusste, dass Gott will, dass wir vergeben und nicht zudecken, denn diese Dinge kommen wieder hervor. Ich schrie zu Jesus und bat ihn, mir zu helfen, dem Mädchen so zu vergeben, wie auch er mir alles vergeben hat, denn ich wollte mit meiner Vergangenheit nichts mehr zu tun haben. Ich begann ganz intensiv für das Mädchen beten und es dauerte nicht lange, da begegnete ich dem Mädchen. Ich konnte auf sie zugehen, sie in die Arme nehmen und ihr in die Augen schauen. Ich sagte ihr, dass zwischen uns alles in Ordnung ist und dass ich sie lieb habe. In meinem Herzen hat es gejubelt, denn ich wusste, nun bin ich wirklich frei und meine Vergangenheit ist abgestorben. Wie oft beten wir das Vater Unser: Vergib uns unsere Schuld, wie auch wir unseren Schuldigern vergeben. Wenn jemand hier ist und sagt, ich habe vergeben, aber vergessen werde ich es nie, denn es sitzt so tief in meinem Herzen und tut so weh, dann bitte ich euch, betet für diese Person. Denn wenn wir Fürbitte tun, fließt die Liebe Gottes in unser Herz und heilt unsere Verletzungen und durch uns hin zu der Person und wir können vergeben und sie sogar lieben.

Vergebung ist nicht eine Gefühlssache, sondern eine Entscheidung.

Johanna

Mach mich frei von der Sucht nach sexueller Perversion

Jesus, ich bin am Boden zerstört, ich fühle mich so schmutzig.
Ich komme zu dir mit all meiner Unreinheit.
Du weißt, dass ich frei sein möchte von
meiner sexuellen Perversion.
Mach mich frei von diesem bösen Geist
der Unreinheit und Unmoral.
Jesus, ich weiß, dass dein Blut mich von all meinen
Sünden reinigen kann.
Jesus, hilf mir am Computer, hilf mir Pornografie zu
vermeiden und hilf mir, wenn ich Fernsehen schaue.
Hilf mir, keine Pornozeitschriften mehr zu kaufen.
Mach mich frei von meiner Sucht.
Du hast Sex als eine Gabe für
einen Mann und eine Frau geschaffen.
Hilf mir ein Leben in Aufrichtigkeit zu führen.
Hilf mir immer treu zu bleiben.
Danke für deine Idee der Ehe.
Ich möchte ein reines Leben führen. Bevollmächtige
mich mit Liebe und Treue für die Person, der ich
versprochen habe, mein Leben mit ihr zu teilen.
Jesus, ich möchte rein und frei sein.
Danke, dass du mir hilfst, Jesus.
Amen.

ES GIBT *Hoffnung*

Mit 15 Jahren bin ich von meinen Pflegeeltern abgehauen und habe mich in einen Zug Richtung Hamburg gesetzt. Ich wollte zu meiner richtigen Mutter, obwohl ich damit in die Hölle zurückfuhr, aus der ich 10 Jahre zuvor gerettet worden bin. Es war mir alles egal, ich wollte meine Mutter zurück. Sie wollte mich aber nicht.

Geboren auf der Reeperbahn

Meine Geschichte fängt 1965 auf der Reeperbahn in Hamburg an. Ich, Bettina Ratering, wurde in einem Hinterzimmer, dem sogenannten Billardzimmer, von einer 15-jährigen Prostituierten zur Welt gebracht. Ich war mehr oder weniger ein „Arbeitsunfall". Durch viele traumatische Erlebnisse, sexuellen Missbrauch als Zweijährige und ein Leben wie in einem Gefängnis, in dem ich mit Tabletten ruhiggestellt wurde, war ich ein traumatisiertes Kind, das nicht weinte, nicht lachte und auch nicht sprach. Bis zu meinem fünften Lebensjahr war ich nirgendwo gemeldet. Durch einen Zufall flog mein Vorhandensein auf. Ein betrunkener „Kunde" erzählte von mir. Die Behörden wurden eingeschaltet. Und ich landete in einer Pflegefamilie weit weg von Hamburg.

„Ich landete in einer Pflegefamilie weit weg von Hamburg."

Ich konnte meine Pflegemutter nicht akzeptieren

Wie konnte es so weit kommen, dass ich mich auf den Weg zurück in das alte Milieu machte? Nach vielen Jahren in einer gutbürgerlichen Familie, in der ich einen Teil meiner Kindheit verbrachte? Ich wurde gefördert und hatte alles, was ich brauchte. Innerlich war ich aber nicht glücklich. Ich war dort nicht richtig Zuhause. Es war auch weit weg von meinem früheren Zuhause. Ich konnte meine Pflegemutter nicht akzeptieren, weil ich immer noch einen Bezug zu mei-

ner leiblichen Mutter hatte. Mit meinem Pflegevater war es ein wenig einfacher. Meine Pflegeeltern gaben sich viel Mühe, aber ich spürte trotzdem, dass ich nicht in ihre Welt passte. Mit der Zeit kam mein Frust heraus, und ich schlug andere Kinder. Ich war ein Einzelgänger. Als ich 13 oder 14 Jahre alt war, wurde ich innerlich sehr unruhig. Es war wie eine Identitätskrise. Mit 15 hatte ich einfach genug von der heilen Welt.

Ob meine Mutter mich wiedererkennen würde?

Eines Morgens ging ich einfach weg und setzte mich in den Zug nach Hamburg. Damals war ich schon auf Heroin. Ich hatte innerlich eine richtige Sehnsucht nach meiner Mutter und stellte mir vor, wie sie sich freuen würde, wenn ich plötzlich bei ihr auftauchen würde. Als ich in Hamburg angekommen war, machte ich mich auf den Weg Richtung Reeperbahn. Ich überlegte, ob mich meine Mutter wiedererkennen würde und ob sie sich freuen würde, mich wiederzusehen.

Was willst du von mir?

Ich nahm all meinen Mut zusammen und ging in ein Bordell, das mir bekannt vorkam. Dort begegnete mir meine leibliche Mutter. Das erste, was sie mir sagte, war: „Was willst du von mir? Verschwinde!", schrie sie. Ich fühlte mich völlig hilflos. Sie drückte mir Geld in die Hand und schob mich wieder nach draußen. Ich bin den ganzen Tag und die ganze Nacht herumgelaufen. Ich wusste nicht, wohin mit mir. Um sechs Uhr am nächsten Morgen bestellte ich mir einen Kaffee in einer kleinen Bar. Ich setzte mich hin und überlegte, was ich nun tun sollte.

Es gab kein Zurück mehr

Ich ging wieder zu meiner Mutter. In diesem Gespräch machte sie mir klar, dass ich für sie eine Last sei und ab jetzt anschaffen gehen musste, falls ich bei ihr bleiben wollte. Für mich war es, als ob es kein Zurück mehr gäbe. Sie hat mich eingekleidet und zum Anschaffen weggeschickt. So fing für mich ein Leben an, in dem ich begann, die Menschen zu verachten, und ich verlor meine eigene Persönlichkeit. Meiner Mutter war es egal, dass sich mein körperlicher und seelischer Zustand immer mehr verschlechterte. Um all das zu verkraften, nahm ich Drogen. Ich war zutiefst deprimiert und verzweifelt.

Richtung Zürich

Am Ende flüchtete ich. Zuerst versteckte ich mich ein paar Tage lang bei einem Bekannten, verschaffte mir neue Klamotten und machte mich aus dem Staub. Per Anhalter fuhr ich Richtung Zürich. Ich hatte viel von Zürich gehört. Dorthin wollte ich. Ich, Bettina, nun eine drogenabhängige Prostituierte. Nach einem Zwischenstopp in Basel landete ich in Zürich. Da war ich nun, in einem fremden Land, ganz alleine. Irgendwie spürte ich in der Szene, dass Deutsche hier nicht willkommen waren. Doch trotz der Widerstände erkämpfte ich mir meinen Platz. Ich wollte dazugehören. Über Nacht zog ich in eine Tiefgarage, wo ich mir an einem nicht so einsehbaren Ort ein Lager aufbaute.

Eine willkommene Abwechslung

Eines Tages kam eine Truppe junger Christen auf den

Hirschplatz, wo ich mich oft aufhielt. Sie sangen christliche Lieder und erzählten von Jesus. Es war für mich eine willkommene Abwechslung. Doch dann fing ich an, mich über die Gruppe lustig zu machen. Ein junger Mann begann zu predigen. Er stellte sich auf eine Kiste und erzählte über die Liebe Gottes.

„So ein Quatsch!“, dachte ich. In mir stieg Frust und Enttäuschung hoch. „Dieser Gott, wenn es ihn gibt, warum hilft er mir nicht?“, dachte ich. Ich begann, mich innerlich hochzuschaukeln.

Ich brüllte den jungen Mann an und beschimpfte die ganze Gruppe. Dann zerschlug ich eine Bierflasche am Rand der Bank, auf der ich saß. Mit dem aufgeschlagenen Flaschenhals ging ich auf den jungen Prediger los und traf ihn am Oberkörper. Dann bekam ich plötzlich Panik, löste mich aus der Menge und rannte davon. Ich hatte Angst, dass die Polizei kommen und mich einsperren würde.

“Am liebsten wollte ich tot sein”

Es beschämte mich ein wenig

Ich rannte weiter, bis ich das Gefühl hatte, sicher zu sein. Dann setzte ich mich in einer Gasse, in einer kleinen Hausnische, hin. Dort blieb ich sitzen. Meine Situation war total verfahren. Am liebsten wollte ich tot sein. Ich schloss meine Augen. So saß ich mehrere Stunden dort. Dann begann ich zu frieren. Mein Körper fühlte sich wie Blei an. Kein Geld, kein Stoff. Ich fing an, unter den Schmerzen zu jammern. Dann hörte ich Schritte.

Der junge Prediger kam auf mich

zu. Er schien okay zu sein. Er lächelte und setzte sich neben mich. Ich war überrascht. „Dieser Mann setzt sich in den Dreck, neben mich.“, dachte ich.

Es beschämte mich ein wenig. Aber ich war so fertig, und mein ganzer Körper zitterte.

Was soll Jesus mit meinem wertlosen Leben?

Er fragte nach meinem Namen, zog dann seine Bibel raus und las mir daraus vor (1. Johannesbrief Kapitel 4, Verse 4-7). Ich sagte nichts, sondern dachte: „Wann habe ich das schon mal erlebt, dass einer sich so viel Mühe mit mir gibt?“ Dann schlug der Mann vor, dass ich mein Leben Jesus geben sollte und dass wir gemeinsam beten sollten. Ich dachte: „Was soll Jesus mit meinem absolut wertlosen Leben?“ Ich war völlig am Ende. Mit zitternden Händen und den Kopf zwischen die Knien saß ich da. Dann dachte ich: „Mach mal, es kann dir ja nichts mehr schaden. Du bist ja sowieso kaputt.“

„Ein warmer Strom durchzog meinen ganzen Körper”

Ein Gefühl von Glück

Er betete vor, ich sprach ihm nach: „Herr Jesus Christus, hilf mir! Rette mich. Befreie mich. Erlöse mich aus der Macht der Drogen und des Alkohols. Bitte vergib mir all meine Schuld, die ich auf mich geladen habe. Zerreiße alle Ketten, die mich binden, und zerbrich alles, was mir den Weg zu dir versperrt. Danke, dass du für mich gestorben bist....Amen.“

Als ich dieses Gebet gesprochen hatte, spürte ich, wie die Kälte in mir verschwand. Ein warmer Strom durchzog meinen ganzen Körper. Mehr noch, es war ein Gefühl von Glück und Geborgenheit da. Das war etwas, was ich nicht kannte. So etwas hatte mir keine Droge gegeben.

Ich war frei von Drogen

Dann fragte mich der Prediger, wie es mir ging. Ich merkte, dass die Anzeichen des Drogenentzugs völlig verschwunden waren. Auch das Verlangen war weg. Und ich hatte keine Schmerzen. Er schenkte mir ein Neues Testament und lud mich in seine Kirchengemeinde zum Übernachten ein. Ab diesem Tag fing für mich eine ganz neue Zeit an. Ich durfte mitten in der Gemeinschaft in der Teestube wohnen, in der Gemeinschaft mit anderen jungen Christen. Ich war wie neu geboren. Gott fing an, in meinem Leben zu arbeiten. Ich war frei von Drogen, und innerlich fand auch eine ganz neue Orientierung statt.

Zurück zu meinen Pflegeeltern

Was danach geschah, ist eine lange Geschichte. Mein anschließender Weg war nicht immer einfach. Aber ich war nicht mehr alleine. Ab jetzt war Jesus an meiner Seite. Ich fing an, mein Leben aufzuarbeiten. Ich fuhr zu meinen Pflegeeltern nach Deutschland zurück und bat sie um Vergebung, für all die Schmerzen, die ich ihnen zugefügt hatte. In mir ist auch viel Heilung passiert, und der Heilungsprozess geht immer noch weiter. Die Gemeinde ist mir eine starke Hilfe geworden, in der ich Geborgenheit, Annahme und Liebe empfangen und erleben durfte. So viel ist in den nachfolgenden Jahren passiert, so dass ich ein Buch darüber schreiben konnte.

Es gibt Hoffnung

Mittlerweile habe ich eine Ausbildung als Sozialpädagogin. Zusammen mit meinem Mann leite ich eine Therapieeinrichtung für suchtkranke Männer. Ich erlebe tagtäglich Jesu Nähe und Hilfe in den Lebensumständen, in denen ich mich heute befinde. Ich bin auch glückliche Mutter von drei Kindern und habe eine wunderbare Familie. Als mein Leben am dunkelsten war, hätte ich mir nie vorstellen können, dass es so eine glückliche Wendung nehmen würde.

Aller Dank gehört Jesus und den Menschen, die bereit waren, mir von seiner Freiheit und Rettung zu erzählen. Es gibt Hoffnung – egal, wie schlimm die Ausgangslage auch sein mag.

Bettina Ratering

Was mein Leben VERÄNDERT HAT...

Meine Kindheit war sehr behütet

1969 wurde ich in Wien geboren. Mein Vater war ein sehr verständnisvoller und lieber Mann. Er hat mir die Freude zum Schreiben mitgegeben, doch leider ist er, als ich 18 Jahre alt war, gestorben. Er war Tierpfleger und hat dies auch unterrichtet.

Meine Mutter war früher im Verkauf tätig, aber als ich zur Welt kam, wurde sie Hausfrau. Wir wohnten zuerst im dritten Wiener Bezirk, wo mein Vater eine Dienstwohnung hatte. Er war zu dieser Zeit an der veterinärmedizinischen Universität angestellt. Meine Kindheit war sehr behütet. Ich war oft nur mit mir selber beschäftig und ein richtiges Einzelkind. In den Sommermonaten sind wir im Burgenland in unserem Ferienhaus gewesen. Dort gab es immer viele Kinder. Ich habe es sehr genossen, einfach ein Kind unter vielen anderen Kindern zu sein.

Mein Bild von Gott

In der Schule hatte ich Freunde, die heute noch meine Freunde sind. Als Familie gingen wir regelmäßig in die Kirche, es hat einfach dazu gehört. Meine Eltern schickten mich später auf eine Klosterschule. Das hat mein Verhältnis zu Gott und der Kirche nicht gerade gestärkt, eher umgekehrt. Mein Bild von Gott war so, dass ich ihn mir als sehr strengen Mann vorgestellt habe. In meiner Teenagerzeit bin ich dann meine eigenen Wege gegangen und war viel mit Freunden in Discos unterwegs. In dieser Zeit wurde ich krank und man hat bei mir eine manisch-depressive Krankheit diagnostiziert, was bedeutete „Himmel hoch jauchzend und zu Tode betrübt".

Theater

Mein Kindheitstraum war es, Schauspielerin zu werden, was aber nur ein Traum blieb, als ich älter wurde. Meine Eltern bestanden darauf, dass ich etwas „Gescheites" lernen sollte, daher machte ich eine Ausbildung und arbeitete anschließend in einem Büro. Die Arbeit gefiel mir, aber nebenbei spielte ich weiterhin auf einer Laienbühne Theater. Meine Rollen waren oftmals sehr lustig, aber ich spielte auch Bösewichte.

Oft habe ich gedacht, dass ich es nicht mehr schaffe

Durch eine Freundin habe ich meinen Mann Kurt kennengelernt. Ein halbes Jahr, nachdem wir zusammen kamen, haben wir geheiratet. Es ging alles ziemlich schnell und war sehr romantisch. Wir waren beide um die 28 Jahre alt, als wir heirateten. Zu dieser Zeit hatte ich eine gute Stellung bei einer Baufirma. Doch mein Leben war ziemlich schwer, da ich oft manische, sowie depressive Phasen hatte. In den vielen Krankheitsphasen hat Kurt immer zu mir gehalten. Oft habe ich gedacht, dass ich es nicht mehr schaffe, aber mein Leben ist trotzdem immer weitergegangen. In mir war ein starker Wille, ich habe einfach durchgehalten.

Schlimme Angstzustände

2001 ist etwas passiert, das mein Leben veränderte. Damals ging es mir sehr schlecht. Ich hatte mit sehr schlimmen Angstzuständen und Panikattacken zu kämpfen. Meine Schwägerin hat mir in dieser Zeit viel von Jesus erzählt. Sie hat mich ermutigt, ihm einfach alle meine Sorgen und mein ganzes Leben zu geben. Nachts, wenn es mir schlecht ging, habe ich meine Bibel genommen und darin gelesen. Das Bibellesen beruhigte mich sehr. Eines Tages habe ich mich dann hingesetzt und in meiner Bibel die Seite mit dem Übergabegebet aufgeschlagen. Dieses Gebet habe ich dann laut gebetet. Danach begann eine tolle Veränderung in meinem Leben. Ich reduzierte mein Gewicht, die Medikamente wurden weniger und in meiner Umgebung haben alle bemerkt, dass es mir besser ging.

Einfach so...

Mein Mann Kurt wunderte sich, dass vieles so anders geworden war. Ich habe ihm oft erklärt, was es mit Jesus auf sich hat und bat ihn dann auch, mit mir zu beten. Kurt verstand viel von alledem, schon bevor er sich bekehrte. Wir haben oft viel über den Glauben gesprochen. Eines Tages kam er von einem Spaziergang mit dem Hund zurück und sagte mir, dass er sich bekehrt hatte. Einfach so! Ich fing an zu weinen, weil ich mich so gefreut habe. Wir gingen dann beide zu dieser Kirche und ließen uns gemeinsam taufen. Das war ein sehr schönes Erlebnis. Kurt war immer schon ein sehr treuer und liebevoller Mensch gewesen, aber es wurde noch anders, als er auch sein Leben Jesus gegeben hatte.

Eine neue Selbständigkeit

Kurz darauf sind wir umgezogen, wir hatten bis dahin bei Kurts Mutter im Haus gelebt. Für uns begann eine neue Zeit der Selbständigkeit. Als wir damals in die neue Wohnung umgezogen sind, bekamen wir neue Nachbarn, die auch Christen waren. Klaudia und Tomas waren uns eine große Hilfe bei unserem Neustart, solche Nachbarn gibt es nicht oft. Mit Klaudia konnte ich mich stundenlang unterhalten, wenn es mir nicht so gut ging.

Er ist einfach großartig!

Es gibt immer wieder mal schwierige Phasen in meinem Leben, aber der Zukunft sehe ich voll Spannung entgegen. Ich denke, das Beste in unserem Leben liegt noch vor uns und Gott hat noch vieles vor. Auch das Schreiben liegt mir sehr. Ich möchte noch mehr Gedichte und Texte schreiben und mich auch weiterhin bemühen, dass Gedichte von mir vertont werden und ich vielleicht doch noch ein Buch schreibe. Eins steht aber fest. Ich habe gelernt, was wichtig ist im Leben: Liebe zu geben und Liebe zu empfangen. Außerdem ist mir sehr wichtig geworden, dass auch andere Menschen die Chance bekommen, das Evangelium von Jesus zu hören. Es wäre schön, wenn ganz viele Menschen, Jesus als ihren Retter annehmen. Für mich jedenfalls ist Jesus zum besten Freund im Leben geworden. Er ist einfach großartig!

Danica

Gottes Führung in meinem Leben

MEINE KINDHEIT

Geboren bin ich als erstes und einziges Kind 1962 in Gelsenkirchen. Ich wuchs in einer nichtchristlichen Familie auf. Mein Vater war Buchhalter und arbeitete immer, entweder im Büro oder abends oder auch sonntags zu Hause. Wenn er dann allerdings das Stromkabel seiner Rechenmaschine vergessen hatte, sagte er: „Komm, heute machen wir mal was ganz besonderes!" Dann gingen wir schwimmen, reiten oder Fahrrad fahren. Einmal sind wir auch in die Kirche gegangen. Dorthin gingen wir sonst nur zu Weihnachten.

Ich wuchs mit viel Aberglauben und Angst auf, die meine Mutter aus Kriegszeiten nicht bewältigt hatte und an mich weiterleitete. Das war sehr prägend für mich.

ICH DACHTE, SO SEI GOTT

Am Wochenende war ich oft bei meinen Großeltern väterlicherseits und meine Oma Frieda betete immer abends mit mir. Dort lernte ich das "Vater unser" und so dachte ich, wenn ich die Gebete nur oft genug aufsagte, wird es schon was werden... Ich dachte auch, wenn ich mit gefalteten Händen einschliefe (auf dem Bauch, recht unbequem), so würde das Gott gütlich stimmen.

Ich hatte die eine oder andere Männerbekanntschaft, wobei ich immer fest davon überzeugt war, ich würde den gerade Aktuellen mal heiraten, und dann wäre doch alles wieder in Ordnung, denn tief in mir drinnen wusste ich schon, dass das vor Gott nicht richtig war. Je flügger ich wurde, desto weniger betete ich oder schlief mit gefalteten Händen ein. Der kleine Samen in mir schien zu zerbröseln...

MEINE EIGENE FAMILIE

Dann habe ich Stephan kennengelernt und 1988 geheiratet. Auf unserer Hochzeit gab es Gewitter und schwefelgelben Himmel und ich dachte, das wäre ein Ausdruck des Zorns Gottes. Mit anderen Worten, ich hatte Angst vor einem Gott, der straft und mich das alles so erleben lässt, weil ich so böse war.

Nach kurzer Zeit wünschten wir uns Kinder, aber es klappte nicht. Wir konnten keine Kinder bekommen!

Natürlich habe ich mich damit nicht zufriedengegeben und Gott bestürmt! Mit viel ärztlicher Hilfe klappte es dann doch und ich wurde schwanger. Im März 1990 kam unsere erste Tochter zur Welt und ich hielt es für das Natürlichste von der Welt – und mein Dank blieb aus!!

10 Monate später sind wir wieder zu den Ärzten gefahren, aber ich wurde nicht schwanger. Schließlich gaben wir resigniert auf.

Doch dann passierte plötzlich ein Wunder: Ich wurde doch schwanger, einfach so. Die Freude war groß!

Im April 1993 kam unsere zweite Tochter zur Welt! Und sie schrie alle halbe Stunde, sie schrie und schrie und schrie...

Als sie ein halbes Jahr alt war, hatte sie massive Schlafstörungen, welche ein halbes Jahr andauerten! Sie schrie jede Nacht 2-4 Stunden am Stück. In der restlichen Zeit schlief sie immer nur 1 Stunde, dann schrie sie wieder. Ich rannte von einem Arzt zum anderen, zu Heilpraktikern, zu allen, die mir Hilfe versprachen. Nichts half! Wir ließen sie schreien, wir schleppten sie rum, wir stellten das Kinderbettchen ins Schlafzimmer, wir nahmen sie mit in unser Bett, sie bekam Beruhigungstropfen, ich schnallte sie im Schlafsack in ihrem Bettchen an usw. Ich glaube, wir haben nichts unversucht gelassen!

KANN GOTT HELFEN?

Zu der Zeit wohnten wir in einem Reihenmittelhaus, welches wir eigentlich nur durch einen Fehler der Bank bekommen hatten, und unsere direkten Nachbarn waren entschiedene Christen.

Eines Morgens stand ich weinend und völlig fertig am Gartenzaun und erzählte meinem Nachbarn meine Misere. Stephan war mit unserer Großen unterwegs und die Kleine schlief ausnahmsweise!

Da sagte dieser zu mir: „Hast du Gott das alles einmal erzählt? Sag ihm doch, was du alles schon unternommen hast, und dass nichts wirklich geholfen hat. Frag ihn dann einfach, ob er dir helfen kann!" Ich dachte nur: „Schaden kann es ja nicht!" Und ich setzte mich im oberen Flur auf die Spindeltreppe und betete genau das.

Mein Nachbar traf sich abends mit seinem Hauskreis und sie beteten

auch dafür – und die Kleine schlief die erste Nacht durch (!) und das nicht nur diese eine Nacht, nein, jede weitere Nacht. Da wusste ich, das konnte hier kein Zufall sein!

MEIN NEUES LEBEN IN GOTT

Ich wollte mehr wissen. Ich bekam das Buch „Fragen" von Werner Gitt geschenkt, damit viele meiner Fragen schon mal beantwortet werden konnten. Am Ende stand ein Übergabegebet, welches ich voller Inbrunst betete. Es folgte eine Nacht mit Gesprächen und Weinen mit einer guten christlichen Freundin, die ich über eine Babygruppe kennenlernen durfte. Ich fühlte mich auf Wolke sieben! Aber ich bat Gott auch darum, Menschen kennenlernen zu dürfen, die das lebten, was ich hier lernte. Ich wurde in einen Frauenbibelkreis aufgenommen und in den Hauskreis meiner Nachbarn und durfte unendlich viel über einen gütigen Jesus lernen! Durch das Lesen in der Bibel wurde mir die Glaubenstaufe wichtig. Ich hatte das Gefühl, Gott wollte das von mir, so ließ ich mich 1996 taufen.

Wenn jetzt jeder glaubt, alles ginge nur noch glatt, der irrt aber.

MEINE GROSSE BEWAHRUNG

Eigentlich sollte der 27.06.2017 ein toller Tag sein, ich hatte nämlich einen Friseurtermin und da ich dort gerne hingehe, freute ich mich darauf. Nur, morgens wachte ich schon mit Kopfschmerzen auf. Ich nahm etwas dagegen, aber es kam, wie schon vermutet: Nach dem Gefummel auf meinem Kopf wurde das Ganze nur noch schlimmer. So entschloss ich mich, direkt danach zum Arzt zu gehen. Er renkte mich ein und ich schaffte den restlichen Tag so leidlich.

Am nächsten Morgen wachte ich wieder mit Kopfschmerzen auf. Ich ging ins Bad und plötzlich kribbelte meine ganze rechte Gesichtshälfte. Nicht doll, halt gerade so, dass ich es spüren konnte. Aber meine Mimik war nicht verändert und nach ca. 2 Minuten war es auch schon vorbei. Ich nahm wieder eine Tablette und erledigte meine morgendlichen Aufgaben. Um 10 Uhr fing ich an zu arbeiten. Aber die Kopfschmerzen wurden immer schlimmer, bis ich mich übergab, was den Druck im Kopf noch erhöhte. Ich wusste nicht mehr ein noch aus. Dann rief ich Stephan an und bat ihn, nach Hause zu kommen. Mir ging es so elend, dass ich auf jeden Fall ins Krankenhaus wollte. So rief er einen Krankenwagen!

Als die Sanitäter kamen, wussten sie schnell, was Sache war und brachten mich sofort mit Blaulicht ins Krankenhaus nach Borken, wo mich eine sehr sehr nette Ärztin in Empfang nahm.

Ich spürte, der Herr war bei mir, das war wichtig! Und Stephan hat mich immer begleitet! Da das CT an dem Tag defekt war, musste ich in das MRT. Dann kam das Ergebnis: Mir waren 2 Adern im Gehirn geplatzt, eine frontal links, da wo auch mein Schmerz saß, und eine im Stammhirn. Nach dieser Diagnose wurde ich von Borken mit Blaulicht nach Recklinghausen auf die Intensivstation verlegt.

Ich dämmerte so dahin, aber immer, wenn ich aufwachte, war Stephan da, das tat mir sehr gut!! Er hatte sofort von unterwegs viele Freunde angerufen, die von nun an für mich beteten. Das tat unendlich gut!

Nach fast einer Woche Intensivstation, 3 Tagen Stroke Unit und 1 Woche Normalstation durfte ich wieder nach Hause.

So richtig hatte ich gar nicht kapiert, was mit mir geschehen war. Erst in der Reha wurde mir so recht klar, wie sehr Gott mich bewahrt hatte. Mir waren 2 Adern im Kopf geplatzt und ich habe heute so gut wie keine Ausfälle, außer dass mir ab und an (besonders, wenn ich k.o. bin) ein paar

Worte fehlen und ich nicht mehr so lange belastbar bin wie früher. Ich muss halt auf mich aufpassen und alles etwas ruhiger angehen lassen.

Danke, Herr Jesus!

SEIN GROSSES GESCHENK

Seit dem Jahr 2011 durften wir uns unseren großen Traum erfüllen und wohnen seither auf einer eigenen Ranch, mit 5 Pferden. In den folgenden Jahren fiel ich jedoch von mehreren Pferden wiederholt runter und wurde immer unsicherer, bis hin zur Angstreiterin. Wie mich Gott da herausgeholt hat, das ist eine andere Geschichte…

Ines Wensing

Christel Schweikle

Gott gib mir Geduld
– aber bitte sofort!

Geduld ist nicht gerade meine Stärke – Es war an einem Montagabend...

Ist es dir schon mal passiert, dass dir aus einer Einbahnstraße ein Geisterfahrer entgegenkam?

Ich war „flott" unterwegs und wollte an der Kreuzung in die Einbahnstraße einbiegen, da kam mir mit rasender Geschwindigkeit ein Geisterfahrer entgegen. Aber an diesem Abend, ein paar Meter vor der Kreuzung, hörte ich ganz deutlich das Reden Gottes in meinem Herzen: ,,Fahre jetzt ganz langsam!" Hätte ich nicht auf die Stimme Gottes in meinem Herzen gehört, weiß ich nicht, ob ich heute noch leben würde. So wie damals, höre ich auch heute Gottes Stimme in meinem Herzen. Ich glaube und weiß, dass er für

mich am Kreuz, mit seinem Leben für mein Leben bezahlt hat. Er ist der Sohn des allmächtigen Gottes, und er lebt und redet auch heute noch zu uns! Er ist derjenige, der mir Freude und Sinn für mein Leben gibt. Das, was ich immer als Leere in meinem Leben empfunden hab, hat er ausgefüllt. Ich spüre tiefen Frieden und Zufriedenheit in meinem Herzen. Mit ihm kann ich alles bereden, was mich bewegt. Alle Sorgen und Nöte spreche ich bei ihm aus und er verändert meine Situation. Ich möchte dir Mut machen: rede mit Jesus. Er hört dein Gebet. Fang an, die Bibel zu lesen und höre darauf, was er deinem Herzen sagt.

Unser Gott ist ein lebendiger Gott und er liebt dich! Was hindert dich daran es auszuprobieren?

Gebet mit Sterbenden

Jesus, ich übergebe nun mein Leben in deine Hände.
Gib mir deinen Frieden.
Vergib mir alle meine Sünden und meine Schuld.
Reinige mein Herz.
Jesus, danke, dass du für meine Sünden am Kreuz gestorben bist.
Jesus, ich nehme deine Vergebung an.
Jesus, danke, dass ich nun zu dir kommen darf.
Jesus, du bist mein Erretter – ich gehöre dir.
Amen.

(Rat für Gebet bei Sterbenden; Nimm die Person bei der Hand, die gerade im Sterben liegt. Erzähle, dass du jetzt mit dieser Person ein Gebet sprechen wirst. Bittet denjenigen nachzusprechen. Lese die Worte zweimal vor, um der Person zu helfen, diese nachzusprechen. Wenn sie nicht sprechen kann, lies das Gebet trotzdem vor. Wahrscheinlich kann die Person das Gebet in Gedanken verfolgen.)

Panische Angst

Jesus, du kennst mich.
Die Panik wächst in meiner Brust.
Furcht erfüllt mein Inneres.
Jesus, gib mir deinen Frieden.
Lege deine Hand auf meinen Kopf,
genau so, wie ein guter Vater es tut.
Lass meine verwirrten Gedanken
zur Ruhe kommen.
Gib mir deinen Frieden.
Danke, dass ich nicht alleine bin.
Du bist bei mir.
Jesus, übernimm das Kommando.
Mein Leben ist in deiner Hand.

Mach mich frei von der Macht des Alkohols

Jesus, ich komme zu dir, mit meinem Alkoholmissbrauch. Ich fühle mich schrecklich und möchte aus dieser Sucht heraus. Jesus, mach mich frei von der Macht des Alkohols!
Jesus, reinige mich von all meinen Sünden und bösen Dingen, die ich getan habe.
Vergib mir all meine Sünden.
Danke, dass du mir hilfst.
Bring mich zu den richtigen Freunden, die nicht trinken; schenke mir einen freien Bereich ohne Alkohol.
Gib mir die Kraft, Schnaps, Bier und Wein jetzt wegzukippen. Ich breche heute mit meiner Abhängigkeit.
Jesus, erfülle mich mit deiner Kraft und fülle mich mit dem Heiligen Geist.
Jesus, ich möchte, dass du mein Chef (Herr) bist.
Ich bete für meine Freunde und meine Familie.
Vergib all den Schmerz, den ich ihnen durch meine Abhängigkeit zugefügt habe.
Heile alle Wunden, die ich bei meiner Familie und meinen Freunden verursacht habe, damit wir wieder gute Freunde werden.
Ich bete für meine Kinder. Hilf ihnen und beschütze sie vor allem Bösen.
Amen.

Ich habe jemanden verloren

Jesus, ich bin so traurig. Mein ______ ist gestorben.
Ich vermisse ______ so sehr!
Ich bitte für alle Angehörigen.
Gib Trost und Kraft.
Hilf mir weiterzugehen.
Gib mir Halt in dieser Situation.
Ich lege mein eigenes Leben in deine Hände.
Jesus, mein Herr, gib mir Trost in dieser Situation.
Gib mir Mut weitergehen zu können.
Amen

Danke für den Tag

Danke für einen wunderbaren Tag, Jesus.
Wir bitten jetzt um eine ruhige Nacht.
Gib uns gute Träume, sprich zu uns durch Träume.
Danke, dass wir einander haben.
Hilf uns, immer eins zu sein.
Lass nichts zwischen uns kommen, niemals.
Zeige uns den richtigen Weg bei allen Entscheidungen.
Bewahre uns vor dem Bösen und gib uns deinen Schutz.
Amen

„Wenn mir jemand blöd kam, habe ich sofort zugeschlagen – aber dann ist mir eine krasse Liebe begegnet", sagt Oli und lacht in seiner Rockerkutte. „Ich habe mich gefühlt wie ein Mensch zweiter Klasse – bis ich diese unglaubliche Annahme erlebt habe", berichtet Sabine strahlend. Und Weltstar Lou Bega erzählt: „Ich konnte mir alle Wünsche erfüllen und war trotzdem unglücklich – bis ich den Sinn des Lebens gefunden habe".

Das sind nur drei der Gäste, die bei ERF MenschGott ihre ganz persönliche Lebensgeschichte erzählt haben. Und ich bin immer wieder total berührt von diesen Berichten. Sie zeigen, wie einzigartig Gott auch heute noch Menschen begegnet.

Es sind Geschichten, die von tiefen Krisen berichte, von Fragen nach dem Sinn des Lebens. Aber dann kommt Gott ins Spiel und ich sehe, wie die Augen der Gäste anfangen zu leuchten. Dann ist die Rede von großer Hoffnung, zweiten Chancen und bedingungsloser Liebe. Wie ist es mit dir? Egal wie dein Leben gerade aussieht – Jesus wartet mit offenen Armen auf dich.

Ich würde mich freuen, wenn unsere Sendungen dich inspirieren, ermutigen, zum Nachdenken anregen – und dich vielleicht sogar begleiten dürfen auf deinem Weg zu Gott. Du findest uns zum Beispiel auf YouTube:
www.youtube.com/ERFMenschGott

Wenn du mehr wissen möchtest, kannst du dich gerne bei uns melden: MenschGott@erf.de
Gott segne dich!

Superbuch

SUPERBUCH

Ruths Treue wird belohnt

9.99 €

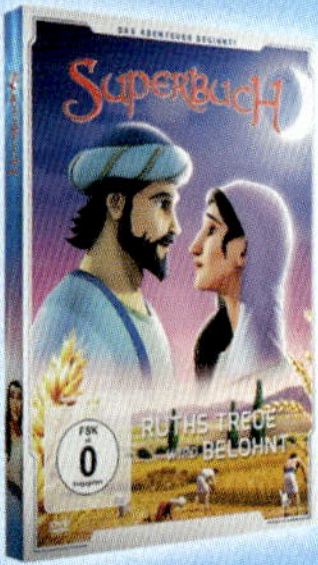

Superbuch nimmt Chris, Joy und Gizmo mit in die Zeit des alten Bethlehems. Dort treffen sie die junge Witwe Ruth, die ihre Familie und ihr Heimatland verlässt, um ihrer Schwiegermutter Noomi zu helfen und für sie da zu sein.

Die Superbuch-Folge "Ruths Treue wird belohnt" zeigt, wie Gott Treue belohnt.

SUPERBUCH

Gottes Plan mit Gideon

9.99 €

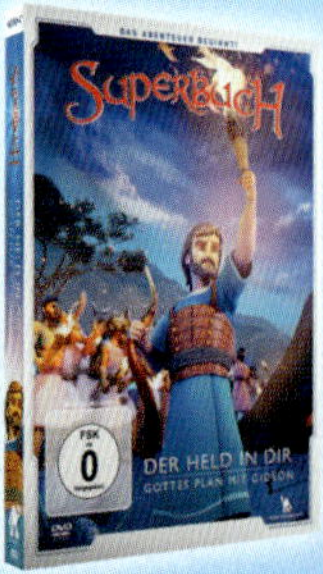

Joys Eltern hatten einen Autounfall. Sie bitten ihre Tochter per Telefon, Hilfe zu schicken. Aber Joy bekommt Panik, weil sie gar nicht genau weiß, wo ihre Eltern sind.

Da nimmt Superbuch Joy, Chris und Gizmo mit in die Zeit von Gideon – einem ungewöhnlichen Helden, der sich vor den Feinden versteckt, die Israel erobert haben. Der Herr erscheint Gideon und macht aus diesem Angsthasen einen mutigen Anführer.

www.bible-for-the-nations.com/de/shop

SUPERBUCH

Wahre Wunder

9.99 €

Chris, Joy und der Roboter Gizmo werden von Superbuch zurück in die Vergangenheit geschickt, wo sie Zeugen wahrer Wunder werden. Sie begegnen Jesus und erleben, wie er einen Gelähmten heilt und sogar einen tosenden Sturm stillt. Chris und Joy sind Nachbarn und beste Freunde. Gizmo ist Chris' sprechender Roboter, der ihn eigentlich beschützen sollte, aber nicht unbedingt seinen Zweck erfüllt.

SUPERBUCH

Daniel in der Löwengrube

9.99 €

Chris, Joy und der Roboter Gizmo werden von Superbuch in der Zeit zurück zu Daniel geschickt. Dessen Rivalen wollen ihn aus dem Weg räumen. Daniel bleibt aber standhaft und vertraut auf Gott, auch als er in die Löwengrube geworfen wird. Chris und Joy sind Nachbarn und beste Freunde. Gizmo ist Chris' sprechender Roboter, der ihn eigentlich beschützen sollte, aber nicht unbedingt seinen Zweck erfüllt.

SUPERBUCH

Das erste Weihnachten

9.99 €

Das erste Weihnachten – Die Geburt Jesu:
Chris, Joy und der Roboter Gizmo werden von Superbuch nach Bethlehem geschickt, wo sie Zeugen der Geburt von Jesus werden. Doch vielmehr erkennen sie die wahre Bedeutung von Weihnachten und dass es dabei um viel mehr geht als nur Kekse und Geschenke.

SUPERBUCH

Jesus in Jerusalem

9.99 €

Chris, Joy und der Roboter Gizmo werden von Superbuch zurück in die Vergangenheit geschickt, wo sie unter anderem Jesu Einzug in Jerusalem miterleben. Sie erkennen, dass Jesus, obwohl er der wahre König ist, anderen immer in Demut dient. Chris und Joy sind Nachbarn und beste Freunde. Gizmo ist Chris' sprechender Roboter, der ihn eigentlich beschützen sollte, aber nicht unbedingt seinen Zweck erfüllt.

www.bible-for-the-nations.com/de/shop

Zielgerichtete Neue Testamente mit Lebensberichten

Zielgerichtete Neue Testamente

1 Ex.	€ 6,95
ab 3 Ex. bis 7 Ex.	€ 4,95
ab 8 Ex. bis 99 Ex.	€ 3,95
ab 100 Ex.	€ 3,65

Bibeln für Geflüchtete und Einwanderer z.B. Arabisches NT

1 Ex.	€ 6,90
ab 3 Ex. bis 9 Ex.	€ 5,90
ab 10 Ex. bis 99 Ex.	€ 3,90
ab 100 Ex.	€ 3,20

Bestellungen hierzu im Internetshop unserer Homepage **www.bible-for-the-nations.com/de/shop**